CRONOLOGÍA HISTÓRICA DE CUBA

1492 - 2000

COLECCIÓN CUBA Y SUS JUECES

EDICIONES UNIVERSAL, Miami, Florida, 2001

Manuel Fernández Santalices

CRONOLOGÍA HISTÓRICA DE CUBA

1492 - 2000

Copyright © 2001 by Manuel Fernández Santalices

Primera edición, 2001

EDICIONES UNIVERSAL
P.O. Box 450353 (Shenandoah Station)
Miami, FL 33245-0353. USA
Tel: (305) 642-3234   Fax: (305) 642-7978
e-mail: ediciones@ediciones.com
http://www.ediciones.com

Library of Congress Catalog Card No.: 2001086599
I.S.B.N.: 0-89729-945-0

Composición de textos: Gustavo Erviti

Diseño de la cubierta: Luis García Fresquet

Foto del autor en la cubierta posterior: Gustavo Erviti

Todos los derechos
son reservados. Ninguna parte de
este libro puede ser reproducida o transmitida
en ninguna forma o por ningún medio electrónico o mecánico,
incluyendo fotocopiadoras, grabadoras o sistemas computarizados,
sin el permiso por escrito del autor, excepto en el caso de
breves citas incorporadas en artículos críticos o en
revistas. Para obtener información diríjase a
Ediciones Universal.

«Nunca pasa en balde la historia, a menos que se perdieran todas las tradiciones y aun así...»

José de la Luz y Caballero
(*Aforismos*)

Al historiador cubano,
Ismael Sarmiento Ramírez
con paterno afecto
y agradecimiento

ÍNDICE

Preámbulo 9

SIGLO XV
    Descubrimiento, exploraciones 11

SIGLO XVI 13
    Reconocimiento de la Isla. Fundación de las siete primeras villas. Gobierno de Diego Velázquez. Erección de la primera sede episcopal. Repartimiento de indios e introducción de esclavos africanos. Organización económica, social y religiosa. Primeros ataques de corsarios y piratas. Expediciones de conquista a otros territorios. Despoblamiento.

SIGLO XVII 27
    Apogeo del corso, la piratería y el contrabando. Erección de fortalezas y defensas. Primeras fundaciones religiosas.

SIGLO XVIII 37
    Primeros ingenios de azúcar. Estanco del tabaco. Rebelión de los vegueros. Fundación de una universidad en La Habana y de un seminario en Santiago de Cuba. Despegue azucarero. Toma de La Habana por los ingleses. Fortificación de La Habana. Libertades comerciales. Fundación del Seminario de La Habana. Desarrollo cultural.

SIGLO XIX 51
    Manifestaciones de un criollismo ilustrado. Gobierno eclesiástico del obispo Espada. Brotes anexionistas y separatistas. Intentos de suprimir la esclavitud africana. Instituciones culturales. Movimientos secesionistas. Sublevaciones de esclavos. Crisis cafetalera. Renuncia al anexionismo. Movimiento reformista. Guerra de los diez años y Guerra «chiquita». Abolición de la esclavitud. Autonomismo. Martí prepara la Guerra de independencia. Grito de Baire. Desembarco en la Isla de Martí, Gómez y Maceo. Intervención norteamericana. Final del mando español y Gobierno de ocupación.

SIGLO XX 93
　　　Fin del gobierno de ocupación. Fundación de la República. Primer período constitucional. Gobierno dictatorial de Machado. Segundo período constitucional. Etapa pre-revolucionaria: golpe de estado de Batista. Primer período revolucionario. Fracaso de la zafra de los 10 millones. Año del esfuerzo decisivo. Período especial. Visita del Papa Juan Pablo II. Navidad, fiesta nacional. Ley de Protección de la Independencia Nacional. La Patria es de Todos. IV Cumbre Iberoamericana en La Habana. Suavizamiento del embargo en lo relativo a productos agrícolas y farmacéuticos. Celebración de un Congreso Eucarístico en La Habana. George Bush, hijo, Presidente de los EE.UU.

Indice temático 161

Indice de nombres. 169

Fuentes　　... 179

PREÁMBULO

Cuba remonta este tercer milenio erizada de contradicciones, asombrada de expectativas y blanco de todas las premoniciones. En realidad siempre ha sido así; pero nunca había estado vulnerada su intimidad de nación emergente hasta que en la segunda mitad del siglo veinte un giro insospechado de su historia la desveló ante el mundo. Gran contradicción a la que asisten perplejos los cubanos, y es que coexisten la curiosidad y también la simpatía mezcladas al temor y la sospecha, con una ignorancia del proceso histórico general de la mayor de las Antillas, desde donde se inició y completó, hace sólo medio milenio, la total configuración del mundo a despecho de los errores que envolvieron el hecho del descubrimiento.

Todo esto parece justificar a estas alturas que se dé a conocer una cronología del Proceso histórico de Cuba que muestra, a través de hechos puntuales, cómo se forjó el grupo humano que compone la Nación cubana, y cómo pudo desembocar en la situación económica, política, social y cultural que hoy suscita las más enconadas controversias.

La tierra que Colón quiso que fuera Catay y también la prodigiosa Atlántida de Platón, presagiada «equivocadamente» sobre las páginas de la «Imago Mundi», iba a ser, mucho menos poéticamente, objeto de ambiciones que la «providencia» geopolítica le deparó siempre. Y el contradictorio carácter de la conquista, entre la evangelización y el lucro, forjó dramas humanos de acoso y esclavitud con desenlace casi nunca feliz.

Pero el hombre crecido en el ámbito de belleza contado por Colón, fue tozudamente constructor. No pudieron con él los corsarios y piratas. Ni las potencias terrestres ni los patronos coloniales. La fe elevó templos de piedra conchífera a veces malamente cubiertos de guano. Pero sobre todo se levantaron templos del pensamiento para la liberación. Con sotana o sin ella, los maestros, en la mano el puntero de su enseñanza, marcaron caminos. Uno de ellos dijo: «Bueno es saber cómo piensan otros, pero mejor es pensar uno mismo» (Luz). ¿Cómo no iba a darse así un pensamiento «criollo»?

De las luces a las luchas se recorrió un estrecho paso. A veces a tropezones, los caminos llevarán a la libertad. Los pensadores engendraron a los mambises. Surgió la cubanía.

Pero la paz no se gana sólo con las armas. Tampoco la liberación. Isla asediada siempre. Siempre corsarios y piratas de otro jaez. Siempre potencias, ahora «ilustradas» e igualmente mortíferas. Y una República mal llevada por cubanos que olvidaron que «no se puede guiar a un pueblo contra el alma que lo mueve» (Martí).

Así fue la busca a tientas de un camino. Y el hallarlo entre heroísmo, torpeza y malos modos.

Aquí siguen páginas que quieren ser esclarecedoras. Los que aseguran amar a Cuba, los que ven con simpatía a los de la Isla, los que sospechan, los que la quieren mal y la hieren, sepan que hay una larga carrera, que no cesa, hacia horizontes de luz que a veces se anubarran. Y que nunca, nunca, «hay patria sin virtud ni virtud con impiedad» (Varela).

1 SIGLO XV

Descubrimiento

Exploraciones

1492
- En su primer viaje, Cristóbal Colón llega el 27 de octubre a la costa noreste de Cuba, a la que llama Juana; explora las costas durante 38 días, siguiendo después a La Española.
- Los españoles descubren en Cuba el maíz y el uso del tabaco.
- Alejandro VI, Papa.

1493
- El 3 de mayo, el Papa Alejandro VI promulga el breve «Inter coetera», que reconoce el derecho de los Reyes Católicos sobre los territorios descubiertos y los que se puedan descubrir. Una segunda bula del 4 de mayo fija las zonas de expansión de Castilla y Portugal, e impone el deber de tratar humanamente a los indios y convertirlos a la fe cristiana.
- El 26 de septiembre, el Papa Alejandro VI firma la bula «Dudum siquidem» que extiende los derechos de la corona española sobre las Indias, invalidando los otorgados a otros príncipes, reyes y órdenes religiosas.
- Segundo viaje de Colón que parte de Cádiz el 25 de septiembre.
- Colón descubre el 1º de noviembre la isla de Borinquen que llama San Juan Bautista.
- El 27 de noviembre funda en La Española, La Isabela y erige allí la primera iglesia de los territorios descubiertos.

1494
- El 24 de abril Colón explora la costa meridional de Cuba y la declara parte de Asia. Hace firmar a sus tripulantes el juramento de que Cuba es tierra firme.
- El 4 de junio España y Portugal firman el Tratado de Tordesillas por el que el hemisferio occidental queda para Castilla y el oriental para Portugal.

1495
- Los Reyes Católicos desautorizan la esclavitud de los indios.

1498
- 30 de mayo: tercer viaje de Colón. Descubre la desembocadura del Orinoco.

2 SIGLO XVI

Reconocimiento de la isla

Fundación de las siete primeras villas

Gobierno de Diego Velázquez

Erección de la primera sede episcopal

Repartimiento de indios e introducción de esclavos africanos

Organización económica, social y religiosa

Primeros ataques de corsarios y piratas

Expediciones de conquista a otros territorios

Despoblamiento

1500
- El cartógrafo Juan de la Cosa dibuja el primer mapa de Cuba como isla.

1501
- Nicolás de Ovando es nombrado gobernador de las Indias durante dos años con plenos poderes.
- Primeras disposiciones de los Reyes Católicos para introducir esclavos africanos en el Nuevo Mundo.

1502
- Cuarto viaje de Colón. Llega a la costa centroamericana.

1503
- Se crea en Sevilla la Casa de Contratación de las Indias, destinada a centralizar, vigilar y dirigir el comercio con el Nuevo Mundo.
- El gobernador de La Española, Ovando, solicita la restricción de la entrada de negros.
- Julio II, Papa.

1504
- El 26 de noviembre muere en Medina del Campo Isabel la Católica.
- El rey Fernando manifiesta su deseo de saber si en la isla de Cuba «…hay cosas de especiería e oro e otras cosas de provecho…»

1505
- Comienza a fabricarse azúcar en la isla Española.

1506
- El 20 de mayo muere Cristóbal Colón en Valladolid.

1508
- Real Patronato Universal sobre la Iglesia en Indias, concedido por la bula «Universalis Eclesiae» del Papa Julio II.

1509
- Sebastián de Ocampo es enviado a Cuba por el gobernador Nicolás de Ovando, « a tentar por vía de paz si podría poblar de cristianos la isla de Cuba…» Ocampo explora las costas y realiza el bojeo de la isla. Descubre el puerto de Carenas.

- Diego Colón, hijo del Almirante, es nombrado virrey de La Española.
- Se crea el Consejo de Indias.

1511
- Diego Velázquez de Cuéllar parte desde La Española hacia la isla de Cuba con el encargo de Diego Colón de iniciar su ocupación. Le acompañan Hernán Cortés, Pedro de Alvarado, Bernal Díaz, Hernández de Córdoba y Juan de Grijalva, entre otros.
- Fundación por Diego Velázquez de la primera población en la isla de Cuba, Baracoa, con el título de Ntra. Sra. de la Asunción.
- Resistencia del cacique Hatuey que es reducido y condenado a la hoguera.
- Sermones del P. Montesinos en Santo Domingo en favor de los indígenas.

1512
- Diego Velázquez llama a Cuba a Bartolomé de Las Casas, ya ordenado sacerdote.
- Se promulgan las Leyes de Burgos, regulando el trato a los indios, como vasallos de la Corona, y el régimen de las encomiendas.
- Juan Ponce de León descubre La Florida.

1513
- Diego Velázquez organiza tres expediciones para emprender la ocupación total de la isla de Cuba. Pide la creación de una Mitra.
- Fundación de Bayamo, nombrada San Salvador «porque allí fueron libres los cristianos del cacique Yahatuey».
- Una Real cédula de junio autoriza a Amador de Lares para pasar cuatro negros esclavos de La Española a Cuba, primer documento conocido sobre la introducción de negros esclavos en Cuba.
- La Corona ordena que en cada pueblo de indios haya un sacristán para enseñar a los niños a leer y escribir y hablar en castellano.
- León X, Papa.
- Diego Velázquez obtiene de la Corona una serie de privilegios, entre ellos el de repartidor de indios.

1514
- Fundación de Trinidad (Santísima Trinidad), a fines de enero.
- Velázquez concede en encomienda a Las Casas y a su amigo Pedro de la Rentería, el pueblo de indios de Canarreo.

- Fundación de Sancti Spiritus, en abril. Bartolomé de Las Casas pronuncia un sermón donde clama por la libertad de los indios.
- En abril o mayo, fundación de San Cristóbal de La Habana en la costa sur.

1515
- A fines de junio o principios de julio, fundación de Puerto Príncipe.
- Fundación en el mes de julio, de Santiago de Cuba.
- Real cédula del rey Fernando dando a Cuba el nombre de Fernandina.

1516
- El 23 de enero muere el rey Fernando el Católico. Regencia del Cardenal Cisneros.
- Le es otorgado al P. Las Casas el título de «Protector y Procurador Universal de los Indios».
- Las Casas y los PP. Dominicos se muestran partidarios de la introducción de negros esclavos en las Antillas, como medio de preservar a los indios de los trabajos más duros.
- En septiembre, Cisneros concede poderes especiales a los frailes jerónimos, que llegan en diciembre a La Española, para que investiguen la situación de los indios y si se les puede dar la libertad.
- «Nuevo Memorial de los agravios e sinrazones que Bartolomé de Las Casas, clérigo, dice que se hacen a los indios».

1517
- El Papa León X crea la primera sede episcopal de Cuba en Baracoa, sufragánea de Santo Domingo, y nombra obispo a Juan de Ubite (o Witte).
- Muere el cardenal Cisneros.
- Carlos I, rey de España.
- Las Casas redacta las «Relaciones que hicieron algunos religiosos sobre los excesos que había en Indias y varios memoriales de personas particulares que informan de cosas que convendría remediar», dirigidas a la Corona.
- Las «95 tesis» de Lutero en Wittemberg, Alemania, inician la Reforma protestante.

1518
- La Corona permite la introducción de esclavos negros en las colonias.
- En Santiago de Cuba se arman once barcos de expedición y conquista bajo el mando de Hernán Cortés y a costa de Diego Velázquez autorizado por la Corona.
- Fundación de Veracruz.
- Se concede a Diego Velázquez el título de Adelantado.

1519
- Primeros regidores perpetuos para los cabildos de Cuba.
- Carlos I de España es coronado emperador de Alemania como Carlos V.
- Las Casas ingresa en la orden de los dominicos. Denuncia ante Carlos V los abusos de las encomiendas.
- La villa de San Cristóbal de La Habana es trasladada a la costa norte.
- Una epidemia de viruelas arrasa con casi la tercera parte de la población india de Cuba.

1520
- Expedición de Pánfilo de Narváez desde Cuba rumbo a Veracruz para someter a Cortés en rebeldía.
- Se permite importar libremente herramientas y materiales para los ingenios.

1522
- Adriano VI, Papa.
- El obispo Ubite logra que la sede episcopal se traslade de Baracoa a Santiago de Cuba y dicta las primeras disposiciones respecto a clero, Catedral, etc.

1523
- Santiago de Cuba, capital.
- El procurador de los municipios cubanos, Juan Mosquera, pide al Rey y al Consejo de Indias subsidios para iniciar en la Isla la fabricación del azúcar.
- Clemente VII, Papa.

1524
- Muere en junio Diego Velázquez. Gobernador interino: Manuel de Rojas, alcalde de Santiago.

➤ Decadencia de Cuba por disminución de la industria minera y el despoblamiento, sobre todo a causa de la conquista de México.

1525
➤ Sin llegar a tomar posesión de su sede en Cuba, renuncia a la mitra el oblispo Juan de Witte (Ubite).

1526
➤ Gonzalo de Guzmán, gobernador; recibe el cargo de repartidor de indios.
➤ Autorización para llevar a Cuba hasta mil esclavos negros.
➤ Fernández de Oviedo redacta «Sumario de la natural historia de las Indias».
➤ Fray Pedro de Mexía, Provincial franciscano en La Española, se traslada a Cuba para ensayar un plan de colonias agrícolas con los indios, en lugar de las encomiendas.
➤ Carlos V dispone que se envíen muchachos indios a España a estudiar para que al regreso sean maestros de los suyos.

1527
➤ Fray Miguel Ramírez de Salamanca, obispo de Cuba (1527-35).

1528
➤ Levantamiento indígena.
➤ Informe al rey sobre la inseguridad de la Isla de Cuba por las sublevaciones de indios.
➤ Una Real cédula de febrero resta facultades al gobernador Guzmán sobre repartimientos de indios.

1529
➤ El Consejo de Indias prohibe que el gobernador y el obispo tengan indios encomendados, «para poder estar libre y poder mejor mirar por el buen tratamiento de dichos indios».
➤ Una real provisión dispone que los alcaldes sean elegidos por todos los vecinos.
➤ Real Cédula que concede la merced de que no se pueda hacer ejecución por deuda a los dueños de ingenios.

1530
➤ Descubrimiento de minas de cobre próximas a Santiago de Cuba, en el cerro del cardenillo, por Hernando Gómez Lobo.
➤ Epidemia de viruelas que diezma a los indios.

- Carta del cabildo de Santiago al rey repitiendo las quejas contra el gobernador Gonzalo de Guzmán y contra el obispo Ramírez, y pidiendo el juicio de residencia del primero.

1532
- Se termina de construir la primera Catedral de Santiago.
- Rebeldía indígena mandada por Guamá, y primera insurrección de esclavos negros.
- Juicio de residencia al gobernador Guzmán que queda suspenso de empleo. Apela y logra permanecer al frente del gobierno.

1533
- Termina el ciclo del oro: se funden 70,000 pesos.
- Muerte de Guamá que pone término a la rebeldía india.
- Corre el rumor de que el cacique Enriquillo, de la Española, ha pasado a Cuba.

1534
- Pablo III, Papa.

1536
- Se declara fracasado el experimiento de colonias agrícolas con los indios.
- Guerra entre Francia y España.
- Diego Sarmiento, obispo (1536-47).

1537
- Tres barcos españoles son derrotados por corsarios franceses frente a Mariel.
- Nueva sublevación de esclavos negros.
- Saqueo de naves españolas procedentes de México, por franceses.
- Primera construcción de la fortaleza de El Morro, en Santiago de Cuba.
- El cabildo de Sancti Spiritus concede la primera merced de tierra en la Isla.

1538
- Hernando de Soto, Adelantado de La Florida y gobernador de Cuba.
- De Soto manda construir la primera fortaleza habanera.

1539
- Se autoriza la exportación libre de productos de Cuba a otros territorios de Indias.
- Sale de La Habana la expedición de Hernando de Soto a La Florida, que se lleva a casi todos los hombres útiles para la guerra. Isabel de Bobadilla, esposa del Adelantado, queda al mando de la Isla.

1541
- Envío a La Habana por primera vez de la plata mexicana en ruta hacia la península.

1542
- El Papa Pablo III aprueba la Compañia de Jesus, fundada por Ignacio de Loyola.
- Carlos V promulga las Leyes Nuevas que prohiben la esclavitud de los indios.
- Abolición de las encomiendas.

1543
- Ataques a Santiago y La Habana del francés Jean François de la Roque.
- Se regula el que La Habana sea puerto de reunión de los navíos en ruta de retorno a España.

1544
- Termina de construirse la primera fortaleza de La Habana.
- Muere Hernando de Soto junto al río Mississippi, que había descubierto.
- El obispo Diego Sarmiento informa al rey de su visita pastoral a la diócesis.

1545
- Juan de Avila, gobernador.
- Concilio de Trento. Contrarreforma católica.

1546
- Corsarios franceses saquean Baracoa.
- El alemán Juan Tetzel firma un asiento con la Corona para explotar el cobre, y firma un acuerdo con los vecinos de Santiago.
- El 12 de agosto muere en Salamanca el teólogo dominico Francisco de Vitoria.

1547
- Antonio de Chaves, gobernador.
- El canónigo mestizo de la Catedral de Santiago de Cuba, Miguel de Velázquez, escribe al obispo Sarmiento dándole cuenta del estado lamentable de la colonia.
- Se ensaya un trapiche.

1548
- Real Cédula estableciendo «derechos de anclaje» en La Habana, para recaudar fondos con destino a la construcción de la Zanja Real.

1549
- Gonzalo Pérez de Angulo, gobernador.
- Fernando de Uranga, obispo de Cuba (1549-57).

1550
- Introducción de la caña de azúcar en Cuba.
- La población de Cuba se calcula en 3,000 habitantes.

1551
- Se prohibe vestir sedas y usar joyas a las negras y mulatas.

1552
- El gobernador Pérez de Angulo pone en libertad a los indios en cumplimiento de las Leyes Nuevas.

1553
- La Habana, lugar de residencia oficial del gobernador. De derecho queda convertida en capital de la Isla por provisión de la Audiencia.

1554
- Saqueo de Santiago de Cuba por Jacques de Sores que ocupa la villa durante un mes y pide fuertes rescates.
- Los indios liberados son concentrados en Guanabacoa.
- Diego de Mazariegos, gobernador.

1555
- Toma de La Habana durante 15 días por Jacques de Sores, que después la incendia.
- Nuevo ataque a La Habana por el corsario Guillermo Mermoz.

➤ Marcelo II, Papa (menos de un mes).
➤ Pablo IV, Papa.

1556
➤ Abdica Carlos I.
➤ Felipe II, rey de España.

1557
➤ Se publican por primera vez en Lion las disertaciones de Francisco de Vitoria.

1558
➤ Toma de Santiago por corsarios franceses que también bloquean La Habana.
➤ Empieza a construirse en La Habana el castillo de la Fuerza «nueva».

1559
➤ Pío IV, Papa.

1561
➤ Bernardino de Villalpando y Talavera, obispo (1561-65)

1562
➤ Real Cédula estableciendo el impuesto conocido por «sisa de la Zanja».

1563
➤ La Florida se incorpora al obispado de Cuba.

1565
➤ Franciso García Osorio, gobernador y capitán general.

1566
➤ Comienza a construirse la Zanja Real para traer agua a la villa de La Habana desde el río de la Chorrera.
➤ Pío V, Papa.

1568
➤ Pedro Menéndez de Avilés, Adelantado de la Florida y gobernador y capitán general de Cuba, que la gobierna por medio de tenientes.
➤ Juan del Castillo obispo; prepara un padrón de población.

1569
- Se publica en Basilea, Suiza, la primera versión castellana de la Biblia, realizada por Casiodoro de Reina.
- El obispo Castillo comienza en agosto la visita de su diócesis.

1570
- El cabildo habanero pide el traslado de la sede episcopal de Santiago a La Habana.
- El primer mayorazgo de Cuba, el de Antón Recio, se da a favor del hijo de una indígena.
- En el informe al rey de su visita pastoral a la diócesis, el obispo Castillo expone sus razones «para venir a España a encerrarse en una celda y dejar el obispado»: «no ha quedado ningún indio y españoles hay muy pocos…la gente que más hay es mestizos y negros. Y el obispo no tiene donde emplear sus letras…»

1571
- El regidor de Bayamo, Francisco de Paradas deja un cuantioso legado para crear en la villa, una cátedra de Gramática y Latinidad.
- Gregorio XIII, Papa.
- Batalla de Lepanto.

1573
- Felipe II merceda la Isla de Pinos a Alonso Rojas por 10 años.
- El oidor Alonso M. Cáceres promulga las «ordenanzas para el cabildo y regimiento de la villa de La Habana y las demás villas y lugares de esta Isla de Cuba», conocidas como «ordenanzas de cáceres».
- Los negros horros comienzan a asistir a las fiestas del Corpus.

1574
- Se termina de construir la Parroquial Mayor de La Habana con un legado de Juan de Rojas.
- La isla de Jamaica pasa a depender del obispado de Cuba.
- Comienza a tomar forma la idea de levantar en La Habana un convento franciscano.

1576
- Se prohibe por el cabildo habanero la construcción de bohíos con guano de palma.
- Muere Tetzel en Santiago de Cuba.

1577
- Prohibición de talar árboles a una legua en torno a La Habana, que se considera «monte vedado».

1578
- Francisco Carreño, gobernador.
- Por orden de Felipe II se envían maderas cubanas preciosas para las obras de El Escorial.
- Comienza la erección de un convento dominico en La Habana.

1580
- Se termina la construcción del castillo de La Fuerza «nueva» en La Habana.
- Terremoto en Santiago de Cuba.
- Antonio Díaz de Salcedo, obispo (1580-97).

1581
- Gabriel de Luján, gobernador y capitán general y alcaide de la Fortaleza habanera.

1582
- El cabildo de La Habana pide galeras para luchar contra el contrabando.
- Primeras milicias de indios, mestizos y mulatos.
- Inseguridad de las costas cubanas a causa de la guerra de España con Inglaterra, Francia y Países Bajos.

1583
- Los bayameses son acusados de contrabandistas.

1585
- Toma y destrucción de Santiago por corsarios franceses.
- Sixto V, Papa.

1587
- Llegan a La Habana galeras guardacostas.
- El ingeniero Juan Bautista Antonelli llega a La Habana para estudiar un plan de defensa.

1588
- Juan de Tejeda, gobernador y capitán general.
- Se inicia la construcción de los castillos de El Morro y La Punta.

➤ Se establece en La Habana la orden de los agustinos.

1590
➤ Primeros trapiches para la fabricación de azúcar.

1591
➤ Se termina la primera fábrica del convento de San Francisco en La Habana.

1592
➤ Por Real Cédula se concede a La Habana el título de ciudad.

1593
➤ Juan Maldonado Barnuevo, gobernador y capitán general.
➤ Se terminan las obras de la Zanja Real de La Habana.

1598
➤ Muere Felipe II
➤ Felipe III, rey de España
➤ Para fomentar ingenios azucareros el monarca concede a los vecinos de Cuba las franquicias otorgadas a Santo Domingo.

1599
➤ El capitán Sánchez de Moya realiza el primer reconocimiento minero de Cuba y toma posesión, en nombre del rey, de las minas de El Cobre.
➤ Una Real Cédula ratifica el libre comercio intercolonial de Cuba.

3 | SIGLO XVII

Apogeo del corso, la piratería y el contrabando

Erección de fortalezas y defensas

Primeras fundaciones religiosas

Aparición de la imagen de la Virgen de la Caridad

1600
- Ordenanzas represivas del cabildo habanero contra los cimarrones.
- Se fabrican las primeras culebrinas en la Fundición de Artillería de La Habana.
- Se termina la fábrica del Castillo de San Salvador de la Punta.

1602
- Pedro Valdés, gobernador y capitán general. Se declara anexo a este gobierno la Capitanía General de la Isla.
- Juan de las Cabezas Altamirano, obispo de Cuba (1602-11)
- Diecisiete propietarios reciben cantidades a cargo de un préstamo de cuarenta mil ducados de las cajas de México a las personas «que fundaran y beneficiaran ingenios».

1603
- El teniente de gobernador Suárez de Poago instruye un riguroso proceso contra los contrabandistas y «rescatadores» de Bayamo.
- Llegan a La Habana los hermanos de San Juan de Dios para hacerse cargo del hospital de San Felipe y Santiago.

1604
- Gilberto Girón, con 200 filibusteros franceses, ataca Santiago de Cuba que queda arrasada.
- El gobernador Valdés propone la formación de una «armadilla» para combatir la piratería.
- El pirata Gilberto Girón secuestra al obispo Cabezas Altamirano.
- Felipe III firma el tratado de paz y amistad de Londres.

1605
- Real Cédula ordenando la expulsión de extranjeros de la Isla.
- Se publica en España la primera parte del «Quijote».
- Pablo V, Papa.

1606
- Persecución de contrabandistas. Son procesados vecinos de «tierra adentro».
- Aparece flotando en la bahía de Nipe una imagen de la Virgen María con un letrero en su base que dice: «Yo soy la Virgen de la Caridad», que enseguida despierta la devoción popular.

1607
- División de la Isla en dos gobiernos con cabeceras en La Habana y Santiago.
- Cédula real declarando que el Gobernador de La Habana sea Capitán General de toda la Isla.
- Se envía a Sevilla todo el cobre de las minas de «El Prado». Cierre de la fundición de artillería de La Habana.
- El rey concede una amnistía a los condenados por contrabando en Bayamo.
- El obispo Cabezas Altamirano da en propiedad a los indios de Puerto Príncipe, la iglesia de Santa Ana, y funda en La Habana un seminario Tridentino.

1608
- Gaspar Ruiz de Pereda, gobernador y capitán general.
- Fundación en La Habana de la Orden Tercera de San Francisco.
- Silvestre de Balboa compone en Puerto Príncipe su poema «Espejo de Paciencia» sobre el secuestro del obispo Cabezas Altamirano.
- Cuba cuenta con 20,300 habitantes, entre blancos, indios, negros y mestizos, la mitad en La Habana.

1609
- Tregua de paz entre holandeses y españoles.

1611
- Alonso Henríquez de Armendáriz, obispo de Cuba (1611-23), que gestiona el traslado de la Catedral de Santiago de Cuba a La Habana a lo que se opone el gobernador.

1614
- Excomunión del gobernador Ruiz de Pereda por el obispo Armendáriz, al oponerse el gobernador a las disposiciones del obispo, en virtud del Real Patronato.

1615
- Se publica en España la segunda parte del «Quijote».

1616
- Sancho de Alquízar, gobernador y capitán general.
- Un incendio destruye Puerto Príncipe.

1620
- Francisco Venegas, gobernador.
- La «armadilla» cubana combate activamente a ingleses y holandeses.
- La población habanera es diezmada por una epidemia de fiebres.
- Impuesto para sostener la «armadilla».

1621
- Muere el rey Felipe III. Le sucede Felipe IV.
- Gregorio XV, Papa.
- Exito en el primer ataque de la «armadilla» contra los piratas de Tortuga.
- Los holandeses fundan la Compañía de las Indias Occidentales, sostenida con el corso. Obtiene el monopolio comercial por 24 años con América, las costas occidentales de Africa y parte del Pacífico.

1623
- Urbano VIII, Papa.

1626
- Lorenzo de Cabrera, gobernador.
- El holandés Balduino Enrico bloquea La Habana durante un mes.
- Leonel Cervantes Carvajal, obispo de Cuba (1626-30).
- Bloqueo del puerto de La Habana durante un mes por la flota holandesa del almirante Hendricksz.

1628
- Victoria de la escuadra holandesa de Piet Hein en Matanzas. Inmenso botín, con la captura de la Flota de la Plata.

1629
- La flota del corsario holandés Cornelius Jol amenaza a La Habana.
- Se termina la fábrica del castillo de los Tres Reyes del Morro.

1630
- Jerónimo Manrique de Lara, obispo de Cuba (1630-44).
- Acusado de contrabando, el gobernador Cabrera es destituido.
- Nuevo gobernador de Cuba, Juan Bitrián de Viamonte.
- El rey reafirma que el vicerreal patronato de la Iglesia corresponde al gobernador de La Habana.

1634
- Francisco Riaño y Gamboa, gobernador.
- Real Cédula suspendiendo las mercedes de tierras por los cabildos.
- Creciente desarrollo del filibusterismo.
- Inicio del corso con naves de propiedad particular especialmente en La Habana, Santiago y Trinidad.

1635
- El corsario Jol es derrotado durante su ataque a Santiago de Cuba.

1637
- Primera fundación de los padres mercedarios en La Habana.
- Se establece en Cuba el Tribunal de Cuentas con autorización para visitar las reales cajas de Santo Domingo, Puerto Rico y el presidio de La Florida.

1639
- Alvaro de Luna Sarmiento, gobernador.

1640
- Los constantes ataques enemigos dejan aislada a Cuba.

1641
- Fundación de Pinar del Río.

1643
- Grave sequía en La Habana.
- Construcción en La Habana del torreón de Santa Dorotea de la Luna o de La Chorrera.

1644
- Inocencio X, Papa.
- Se termina la primera fábrica de la Catedral de Santiago de Cuba.
- Llegan de Cartagena de Indias monjas clarisas para fundar el convento de Santa Clara de La Habana.

1647
- Diego de Villalba Toledo, gobernador.

1648
- Epidemia de fiebre amarilla en La Habana. Muere un tercio de la población.

1649
- Construcción en La Habana del torreón de Cojímar.

1650
- Nicolás de la Torre Muñoz, obispo de Cuba (1650-53).
- Francisco Gelder, gobernador.
- El gobernador Gelder propone abrir un foso o canal entre el mar y la bahía, para dejar convertida en isla la villa de La Habana y facilitar su defensa.

1651
- Saqueo de la villa de El Cayo (Remedios) por filibusteros de la Tortuga.
- Nuevo brote de fiebre amarilla y peste bubónica en La Habana.

1655
- Juan Montaño Blázquez, gobernador.
- Población total de la Isla: 40,000 habitantes.
- Conquista de Jamaica por Inglaterra.
- Plan para erigir una muralla que defienda La Habana.
- Alejandro VII, Papa.
- Juan Montiel, obispo de Cuba (1655-57).

1656
- Impuesto de un real por cuartillo de vino para las obras de construcción de la muralla de La Habana.

1657
- Muere envenenado en forma misteriosa el obispo Montiel, que había intentado poner remedio a la vida escandalosa de algunos clérigos y frailes.
- Sale de Oriente una expedición de 450 hombres para la reconquista de Jamaica.

1658
- Juan de Salamanca, gobernador.
- Pedro Reina Maldonado, obispo (1658-60).

1659
- Bando del gobernador Salamanca que autoriza el cultivo libre del tabaco en las vegas de los ríos.

1662
- Toma y saqueo de Santiago de Cuba por ingleses al mando de Myngs.
- Desembarco inglés cerca de Guantánamo.
- Juan de Santo Matías Sáenz de Mañosca, obispo (1662-67).

1663
- Rodrigo Flores de Aldana, gobernador.

1664
- Francisco Dávila Orejón Gastón, gobernador.
- Se conceden numerosos permisos de corso.

1665
- Muere el monarca Felipe IV. Le sucede Carlos II. Regencia de Mariana de Austria.
- Saqueo filibustero (ingleses y franceses) de Sancti Spiritus.
- Se concede a La Habana merced de escudo: tres castillos de plata sobre fondo azul y una llave de plata.

1666
- Toma y saqueo de Puerto Príncipe por Henry Morgan.

1668
- Primera piedra de la ermita y hospital de San Francisco de Paula en La Habana.

1669
- Francisco Bernardo Alonso Ríos Guzmán, obispo (1669-70).

1670
- Francisco Rodríguez de Ledesma, gobernador.
- Paz entre España e Inglaterra por el Tratado de Madrid.

1672
- Gabriel Díaz Vara Calderón, obispo (1672-76).

1674
- Se da comienzo a la construcción de la muralla de La Habana, según trazado de Juan de Siscara.

1675
➤ Inauguración de la Catedral de Santiago de Cuba reconstruida.
➤ Saqueo de Trinidad por ingleses de Jamaica.
➤ Cultivo del trigo en gran escala en las cercanías de La Habana.

1677
➤ Fuerte terremoto en Santiago de Cuba. Destrucción de la Catedral y del convento de San Francisco.
➤ Juan García de Palacios, obispo (1677-82).

1679
➤ Ataque filibustero a Puerto Príncipe que es rechazado.

1680
➤ José Fernández de Córdoba y Ponce de León, gobernador.
➤ Primer Sínodo diocesano convocado por el obispo García de Palacios.

1681
➤ Primera fundación del leprosorio de San Lázaro, en La Habana.

1682
➤ Real Cédula ordenando que el gobernador de Santiago de Cuba quede subordinado al de La Habana.
➤ Se publica en España, con aprobación real, las Constituciones del Sínodo diocesano de Cuba.
➤ En febrero se crea la primera capilla de música en la Isla, en la Catedral de Santiago.

1684
➤ Suspensión de hostilidades por veinte años mediante la Tregua de Ratisbona firmada entre Francia y España.
➤ Se construye el primer Santuario a la Virgen de la Caridad en el Cobre.

1685
➤ Diego Evelino de Compostela, obispo (1685-1704).

1688
➤ 3,000 vecinos en La Habana.
➤ El obispo Compostela funda en La Habana el Colegio de San Francisco de Sales para niñas.

1689
- Fundación del Pueblo Nuevo de Santa Clara en el hato de Antón Díaz.
- El obispo Compostela funda el colegio de San Ambrosio para la educación de niños destinados al servicio del altar y coro en la Parroquial Mayor de La Habana.
- Severino de Manzaneda Salinas y Rojas, gobernador.

1690
- Reapertura de la Catedral de Santiago de Cuba.
- Real Cédula ordenando la fundación de Matanzas.

1692
- Los mineros de El Cobre toman Santiago y prenden al gobernador Villalobos.

1693
- Fundación de Matanzas.

1695
- Diego de Córdoba Lazo de la Vega, gobernador.

1696
- Paz entre los vecinos de Santa Clara y Remedios.

1697
- Termina la era de los bucaneros y filibusteros con la paz de Ryswick entre España, Inglaterra y Holanda con Francia.
- La parte occidental de La Española es cedida a Francia.

1698
- Se termina la parte de tierra de la muralla de La Habana.

4 SIGLO XVIII

Primeros ingenios de azúcar

Estanco del tabaco

Rebelión de los vegueros

Fundación de una universidad en La Habana y un seminario en Santiago de Cuba

Despegue azucarero

Toma de La Habana por los Ingleses

Fortificaciones en La Habana

Libertades comerciales

Fundación del Seminario de La Habana

Desarrollo cultural

1700
- ➤ Muerte del rey Carlos II. Le sucede Felipe V de Borbón.
- ➤ Población total de La Habana: 27,000 personas, incluyendo guarnición y esclavos.

1701
- ➤ Se termina de construir el convento de Santa Catalina en La Habana.
- ➤ Clemente XI, Papa.

1702
- ➤ Guerra de Sucesión entre la Gran Bretaña y Holanda contra España y Francia.
- ➤ Pedro Benítez de Lugo, gobernador.
- ➤ La villa de Trinidad es atacada y saqueada por Carlos Gant con fuerzas venidas de Jamaica.
- ➤ Fundación en La Habana del convento de carmelitas descalzas.

1703
- ➤ Amenazadora presencia en La Habana de las escuadras británicas de los almirantes Walker y Graydon.

1704
- ➤ Los religiosos betlemitas de Nueva España se hacen cargo de la Convalecencia de Belén, fundada en La Habana por el obispo Compostela.
- ➤ Muere el obispo de Cuba Diego Evelino de Compostela.

1705
- ➤ Obispo de Cuba Jerónimo Nosti Valdés (1705-29).

1706
- ➤ Pedro Alvarez de Villarín, gobernador.

1707
- ➤ Una escuadcra anglo-holandesa amenza La Habana.

1708
- ➤ Laureano Torres de Ayala, nombrado gobernador, con la comisión de comprar anualmente hasta tres millones de libras del mejor tabaco.
- ➤ El comercio exterior de Cuba queda casi paralizado.

→ El obispo Jerónimo Valdés construye la iglesia de San Isidro con un convento anejo.

1710
→ El obispo Valdés funda en La Habana la Casa de niños expósitos.

1711
→ Luis Chacón, castellano del Morro, gobernador interino.
→ La Compañia Inglesa del Mar del Sur obtiene el monopolio del comercio en las costas orientales y occidentales de todo el continente.
→ Fallece el habanero Dionisio Rezino, obispo Auxiliar de Cuba.

1713
→ Paz de Utrech entre Francia, España, Inglaterra y Holanda. Inglaterra obtiene el monopolio del tráfico negrero.
→ Laureano Torres, gobernador por segunda vez.

1714
→ La Compañía del Mar del Sur establece factoría de esclavos en La Habana.

1715
→ Aumento de solicitudes de tierras mercedadas para ingenios.

1716
→ Vicente Raja, gobernador de Cuba, con la misión de promover la extensión del cultivo del tabaco a base de monopolizar la producción y eliminar los mercaderes particulares.

1717
→ Instrucción del rey Felipe V creando el nuevo monopolio del tabaco. Disgusto generalizado entre los vegueros.
→ Más de quinientos vegueros penetran en Jesús del Monte en actitud de rebeldía, y un número mayor entra en la capital.
→ Los priores de los conventos habaneros elevan una protesta por el estanco del tabaco.
→ Destitución del gobernador Raja que es embarcado a España. Asume el cargo el teniente-rey, cargo de nueva creación.

1718
➤ Nuevo gobernador, Gregorio Guazo Calderón, que reafirma el establecimiento del estanco del tabaco.

1719
➤ Ataque inglés a Sancti Spiritus que es rechazado.
➤ La Audiencia de Santo Domingo prohibe a los cabildos mercedar tierras.

1720
➤ Nuevo descontento de los vegueros. Se concede que puedan vender libremente el tabaco sobrante de todas las compras de la factoría.

1721
➤ Fundación en La Habana del colegio «San José» de los jesuitas.

1722
➤ El obispo Jerónimo Valdés establece en Santiago de Cuba el colegio seminario de San Basilio Magno.
➤ Se levanta en La Habana el primer edificio de la Factoría de tabaco, con oficinas y almacenes para depósito, elaboración y clasificación del tabaco.

1723
➤ Nueva sublevación de vegueros de San Miguel, Jesús del Monte, Guanabacoa, Santiago de las Vegas y Bejucal; destruyen las siembras y el tabaco almacenado. Doce agricultores son ahorcados junto al camino de Jesús del Monte.
➤ Se establece en La Habana la primera imprenta de Cuba, la de Carlos Habré, y aparece el primer impreso: «Tarifa General de Precios de Medicinas».

1724
➤ Cesa en el mando Guazo Calderón y es sustituido por Dionisio Martínez de la Vega.

1726
➤ Amenaza a La Habana una escuadra el almirante Hassier.

1727
- Sangrienta represión de una rebelión de esclavos en el ingenio Quiebrahacha del conde de Casa Bayona.

1728
- Los PP. Dominicos crean en La Habana la Pontificia Universidad de San Jerónimo.

1729
- Se retira la Real Orden que prohibe a los cabildos mercedar tierras.

1730
- Epidemia de viruelas en La Habana.
- Clemente XII, Papa.

1731
- Sublevación de esclavos en las minas de Santiago de El Prado.
- El canónigo de Santiago, Pedro Morell de Santa Cruz, dirige al rey un Informe sobre la situación de esclavos en las minas de El Cobre, resaltando el mal trato que reciben.

1732
- Fray Juan Lasso de la Vega, obispo de Cuba (1732-52).

1733
- Real Cédula segregando Puerto Príncipe del gobierno de Santiago y uniéndolo a La Habana para reprimir el contrabando.

1734
- Juan Francisco Güemes y Horcasitas nuevo gobernador.

1737
- Primer Concordato de España con la Santa Sede.

1738
- Se crea el Arsenal de La Habana con astillero como base de la flota española en las Antillas y para la construcción de buques.

1739
- Se forma la Real Compañía de Comercio de La Habana con un capital de 900,000 pesos. El rey le concede la comisión del asiento general del tabaco y el monopolio de casi todo el comercio de Cuba.

- «Guerra de la oreja de Jenkins» llamada así porque la provocó la presencia en el Parlamento de un viejo marino británico que le faltaba una oreja, presuntamente cortada por los españoles al apresar su barco.
- Cierre del Seminario de San Basilio, en Santiago, para convertirlo en hospital.

1740
- Bloqueo del puerto habanero durante dos meses por la escuadra inglesa del almirante Vernon, que sin embargo no se atreve a atacar la ciudad.
- Terminación de la muralla de La Habana en la parte del mar.

1741
- Tropas británicas desembarcan en Guantánamo para atacar por tierra a Santiago de Cuba. Derrota británica.

1743
- Se le ratifica a Santiago de Cuba el tíitulo de «muy noble y muy leal».

1746
- Juan A. Tineo, gobernador por breve tiempo.
- Muere el monarca Felipe V. Le sucede su primogénito Fernando VI.

1747
- Francisco Cagigal de la Vega, gobernador.
- Se introducen las primeras plantas de café.

1748
- El apostadero naval de Veracruz se traslada a La Habana.
- Bombardeo de Santiago de Cuba por el almirante Knowles.
- Francisco Güemes y Horcasitas recibe el título de Conde de Revillagigedo y es promovido a virrey de Nueva España.
- Tratado de Aquisgrán que pone fin a la guerra colonial entre España e Inglaterra.

1752
- Crisis interna de la Real Compañia de Comercio.

1753
- Segundo Concordato España-Santa Sede que plasma el Patronato Real Universal de la Corona sobre la Iglesia.
- Contrabando en gran escala por los ingleses desde Jamaica y por los franceses desde Haití.
- Pedro Agustín Morell de Santa Cruz, obispo de Cuba (1753-68).

1754
- Reapertura del Seminario de San Basilio Magno, en Santiago de Cuba.

1756
- Visita pastoral del obispo Morell de Santa Cruz.

1757
- Población de Cuba: 149,000 habitantes, de los cuales 60,000 residen en La Habana.

1758
- Despegue azucarero. Hay 349 ingenios y trapiches en toda la Isla. Producción: 5,824 toneladas de azúcar purgada.

1759
- Muere el rey Fernando VI. Le sucede Carlos III.

1760
- Dedicación de la capilla de la Santa Veracruz, de la Orden Tercera de San Francisco, en La Habana.

1761
- José Martín Félix de Arrate termina de redactar su obra «Llave del Nuevo Mundo, antemural de las Indias Occidentales. La Habana descripta: noticias de su fundación, aumentos y estado».
- El rey Carlos III envía a Cuba como Gobernador a Juan del Prado Portocarrero con tropas de apoyo y la orden de reforzar y ampliar las defensas, en previsión de un ataque inglés a la Isla, por la alianza ofensiva y defensiva con Francia, el tercer «pacto de familia».

1762
- Declaración de guerra de Inglaterra a España.

- 6 de junio: La escuadra inglesa de George Pockoc y el Conde de Albemarle pone sitio a La Habana. Sorpresa del gobernador Prado que no recibió los despachos con instrucciones y avisos por haber sido interceptado por los ingleses el buque que los portaba.
- Defensa del Morro por Luis de Velasco y el Marqués González, que son abatidos en la lucha. La fortaleza cae el 30 de julio.
- 12 de agosto: rendición de La Habana. Los ingleses entran en la ciudad el 14 de agosto.
- Se autoriza el comercio con todo buque de bandera inglesa.
- El Cabildo habanero se niega a jurar fidelidad al monarca inglés Jorge III.
- El 28 de agosto nace en La Habana José Agustín Caballero.
- El obispo de Cuba, Morell de Santa Cruz, se niega a dar al invasor una relación de los bienes de los eclesiásticos y a ceder un templo para los oficios religiosos de los ingleses. El prelado es declarado sedicioso por Albemarle quien dispone su destierro a La Florida el 3 de noviembre. Se ejecuta la orden violentamente.

1763
- El 10 de febrero se firma el Tratado de Paz de París por el que los ingleses se retiran de La Habana a cambio de que se les entregue La Florida. España adquiere la Luisiana occidental.
- El 11 de abril, Morell de Santa Cruz vuelve de su destierro en La Florida, trayendo colmenas de abejas de Castilla y aportando así un nuevo producto a la economía de Cuba.
- Prado Portocarrero es sustituido como Gobernador de Cuba por Ambrosio Funes de Villalpando, Conde de Ricla, a quien el Gobernador inglés Guillermo Keppel devuelve la plaza el 6 de julio.
- Amplio plan de Ricla para reorganizar las fuerzas armadas y construir fortificaciones.

1764
- El obispo Morell de Santa Cruz propone al monarca español la creación de tres diócesis en Cuba: una sede metropolitana en La Habana y dos sufragáneas en Santiago de Cuba y Puerto Príncipe. También propone crear una universidad en Santiago de Cuba.
- Se favorece la introducción de esclavos para las obras de fortificación de la Isla.
- Iniciación de las obras de construcción de la fortaleza de la Cabaña y del castillo de Atarés.
- Se crea la Capitanía General de Cuba que incluye la Luisiana.

- En febrero el músico habanero Esteban Salas llega a Santiago de Cuba para hacerse cargo de la Capilla de Música de la Catedral, nombrado por Morell de Santa Cruz.
- Nace en La Habana Tomás Romay.

1765
- Diego Manrique, Gobernador.
- Se decreta la libertad de comercio entre La Habana y nueve puertos de España.
- Se establece un servicio de correos marítimos mensuales entre La Coruña y La Habana.
- Nace Francisco de Arango y Parreño.

1766
- Real Cédula del Rey Carlos III advirtiendo que mestizos e indios pueden ingresar en órdenes religiosas y recibir beneficios.
- Gobernador de Cuba, Antonio María Bucarely.
- Se termina la reconstrucción de las fortalezas de el Morro y la Punta.
- Muere el primer historiador de La Habana, José Martín Félix de Arrate.
- Fuerte terremoto en Santiago de Cuba.

1767
- Expulsión de los jesuitas de los dominios españoles. La iglesia que construían en la Plaza de la Ciénaga de la Habana queda sin terminar.
- Inicio de la construcción del castillo del Príncipe.

1768
- Destructor huracán de Santa Teresa con grandes daños en los campos.
- Muere el obispo Pedro Agustín Morell de Santa Cruz, en noviembre.

1769
- Nombrado obispo de Cuba el santiaguero Santiago José Echevarría (1769-87).
- Parte de La Habana una gran armada al mando de Alejandro O'Reilly para pacificar y ocupar la Luisiana, cedida a España por Francia.

➤ Se promulgan los estatutos del Colegio Seminario de San Carlos y San Ambrosio.

1770
➤ Epidemia de viruelas en La Habana.

1771
➤ Felipe Fondesviela, Marqués de la Torre, gobernador de Cuba.

1772
➤ Remodelación de la Plaza de Armas de La Habana por el Marqués de La Torre.
➤ Terminación del castillo del Príncipe.
➤ Se traza el Paseo del Prado.

1773
➤ Fundación del Real Colegio Seminario de San Carlos y San Ambrosio, en el antiguo colegio San José de los jesuitas.

1774
➤ Primer censo de población: 171,620 habitantes; blancos, 96,440; de color, 75,180.
➤ Se abren al público las aulas del Seminario de San Carlos y San Ambrosio de La Habana. Ingresa en él José Agustín Caballero.

1775
➤ Se pide autorización para el cultivo libre del tabaco en todos los partidos de Santiago de Cuba.
➤ Pío VI, Papa.
➤ Comienza a construirse en La Habana el nuevo edificio de la Factoría de Tabaco.
➤ Nace Francisco Covarrubias.

1776
➤ Comienza a construirse en La Habana la Casa de Gobierno en la Plaza de Armas, para lo que hubo de demolerse la antiagua Parroquial Mayor, que se instala en la iglesia que dejaron sin terminar los jesuitas expulsos en la Plaza de la Ciénaga.
➤ Se inaugura el primer teatro de La Habana, el «Coliseo» en la Alameda de Paula.
➤ Se termina la construcción de la fortaleza de la Cabaña.
➤ Una Real Orden prohibe los matrimonios interraciales.

➤ 4 de julio: independencia de las 13 colonias inglesas de América del Norte.

1777
➤ Diego José Navarro García Valdés, gobernador de la Isla.

1778
➤ La Habana y Norteamérica inician comercio directo.
➤ Real Cédula que autoriza el libre comercio entre los puertos de Cuba y los habilitados españoles.

1779
➤ Bernardo Gálvez reconquista La Florida.

1780
➤ Fiebre amarilla en La Habana: 2,000 muertos.

1781
➤ Se publica en La Habana la primera «Guía de forasteros de la Isla de Cuba».
➤ Juan Manuel Cagigal, gobernador.

1782
➤ Aparece en noviembre «La Gazeta de La Habana».
➤ Amenaza a La Habana la escuadra inglesa del almirante Rodney.

1783
➤ Independencia de los Estados Unidos de América.

1784
➤ Salen tropas de La Habana para ocupar la Florida, cedida por Inglaterra a España por el Tratado de Versalles.
➤ Real Cédula prohibiendo los estudios de Leyes en Cuba y que los cubanos las estudien en México o Santo Domingo.
➤ Los frailes capuchinos se establecen en La Habana, en el antiguo Oratorio de San Felipe Neri.

1785
➤ Destruida la Maestranza de La Habana por un incendio.
➤ José Ezpeleta, gobernador.

1786
- José Pablo Valiente llega a La Habana como visitador de la Real Hacienda.

1787
- Nace en Venezuela Narciso López.
- Se autoriza la Real Sociedad Patriótica de Amigos del Pais en Santiago de Cuba.
- Publicación de la «Descripción de diferentes piezas de Historia Natural», de Antonio Parra.

1788
- Nace en La Habana Félix Varela Morales. Es bautizado en la iglesia parroquial del Santo Angel Custodio.
- Clausura, por ruina, del teatro «Coliseo» de la Alameda de Paula.
- Muere Carlos III. Le sucede Carlos IV.

1789
- Antonio Feliu Centeno, obispo de Santiago de Cuba (1789-91)
- Se crea la diócesis de La Habana, segregando de la única diócesis de Cuba la mitad de la Isla. Primer obispo de La Habana, Felipe José de Trespalacios (1789-99). Se erige en Catedral la iglesia de los jesuitas expulsos en la Plaza de la Ciénaga.
- Nace María de las Mercedes Santa Cruz y Montalvo en La Habana.
- Real Cédula del 6 de febrero autorizando la introducción libre de esclavos en Cuba y otras colonias.
- Con la toma de la Bastilla en París comienza la Revolución francesa. Declaración de los derechos del hombre y del ciudadano.
- George Washington primer Presidente de los EE. UU.

1790
- Luis de las Casas Gobernador de Cuba.
- Aparece el «Papel periódico de la Habana». Primeros redactores: Luis de las Casas, Diego de la Barrera y el P. José Agustín Caballero, animador de la publicación.
- José Pablo Valiente, Intendente de Hacienda; Francisco de Arango y Parreño, Apoderado del Ayuntamiento de La Habana.

1791
- Sublevación de esclavos en la colonia francesa de Haití encabezada por Toussaint L'Ouverture, que anula la producción de azúcar y café en beneficio de Cuba.
- «Discurso sobre la agricultura de La Habana y los medios de fomentarla», de Arango y Parreño, presentado al monarca Carlos IV.
- Prórroga por seis años de la autorización del libre comercio de esclavos. Franquicias comerciales.
- Aumento del precio del azúcar.
- Joaquín Osés Alzua, obispo de Santiago de Cuba (1791-1804).
- Representación de la comedia «El príncipe jardinero y fingido cloridano», del autor cubano Santiago Pita y Borroto.

1792
- Población de la Isla: 373,939 habitantes; 133,553 blancos y 140,386 negros.
- Se establece la primera imprenta en Santiago de Cuba.

1793
- Estalla la guerra entre España y Francia. Apertura de los puertos cubanos a países extranjeros amigos y neutrales. Alza del precio del azúcar y el café.
- Inauguración de la Sociedad Patriótica de La Habana y de su biblioteca pública, la primera en Cuba.

1794
- Inauguración en La Habana de la Casa de Beneficencia.
- Aumento de la exportación del azúcar.

1795
- Creación del Real Consulado de Agricultura, Industria y Comercio.
- Por la Paz de Basilea termina la guerra entre España y Francia, que repercute negativamente en Cuba. Cesión de Santo Domingo a Francia. Emigración a Cuba de peninsulares y dominicanos.
- En un discurso pronunciado en la Sociedad Patriótica, el presbítero José Agustín Caballero señala la necesidad de reformar la enseñanza en la Universidad.
- Descubierta en Bayamo una intentona revolucionaria del pardo Nicolás Morales, el cadete Gabriel José Estrada y varios otros jóvenes de la villa.

1796
- Llegan a La Habana, procedentes de Santo Domingo, las cenizas de Cristóbal Colón que son colocadas en la Catedral.
- España declara la guerra a la Gran Bretaña. Superioridad militar de los ingleses que afecta la economía exportadora de la Isla. Comercio con Norteamérica.
- Gobernador de Cuba, Juan Procopio Bassecourt, Conde de Santa Clara.
- Se publica en La Habana la «Explicación de la doctrina cristiana acomodada a la capacidad de los negros bozales», por un presbítero de la congregación del Oratorio de La Habana, dedicada a los capellanes de ingenios.

1797
- El P. José Agustín Caballero termina de componer su tratado de «Filosofía electiva» para la enseñanza en el Real Seminario Conciliar de San Carlos y San Ambrosio.
- Nace en Bayamo, el 7 de mayo, José Antonio Saco.
- John Adams, segundo Presidente de los EE. UU.

1798
- Se instala la primera máquina de vapor comprada en Londres por el conde de Jaruco.
- Sublevación de esclavos en ingenios de Puerto Príncipe.

1799
- Salvador de Muro y Salazar, Marqués de Someruelos, Gobernador de Cuba.
- Crisis azucarera.
- Muere el primer obispo de La Habana, Felipe José de Trespalacios.
- Nace en La Habana, el 26 de mayo, Felipe Poey.

5 SIGLO XIX

Primeras manifestaciones de un criollismo ilustrado

Gobierno eclesiástico del obispo Espada

Brotes anexionistas y separatistas

Intentos de suprimir la esclavitud africana

Instituciones culturales

Movimientos secesionistas

Sublevaciones de esclavos

Crisis cafetalera

Renuncia al anexionismo

Movimiento reformista

Guerra de los diez años y «Guerra Chiquita»

Abolición de la esclavitud

Autonomismo

Martí prepara la guerra de independencia

Grito de Baire

Invasión de la Isla por Gómez y Maceo

Intervención norteamericana. Final del mando español y Gobierno de ocupación.

1800
- La Audiencia de Santo Domingo se traslada a Puerto Príncipe, con jurisdicción sobre Puerto Rico, la Luisiana y la Florida.
- Es nombrado obispo de La Habana, Juan José Díaz de Espada y Fernández de Landa (1800-32).
- Pío VII, Papa.
- Primer viaje a Cuba de Alejandro de Humboldt.
- Nace en La Habana José de la Luz y Caballero.
- Buenaventura Pascual Ferrer publica «El Regañón de la Habana».
- Inauguración del teatro «El Circo», en La Habana.
- Real Orden declarando libres a los esclavos de El Cobre.

1801
- Toussaint L'Ouverture exige la entrega de Santo Domingo a la que accede España. Emigración a Cuba de familias blancas de Santo Domingo y Haití, bien acogidas como medio de contrarrestar el aumento de la población negra.
- Reedificación del «Coliseo» de la Alameda de Paula.

1802
- Llega a La Habana el obispo Espada, donde es consagrado y toma posesión de la sede. Se le nombra socio honorario de la Sociedad Patriótica de La Habana.
- Félix Varela es admitido como alumno externo en el Real y Conciliar Colegio de San Carlos y San Ambrosio.
- Los franceses ocupan Santo Domingo.

1803
- Los EE. UU. compran a Francia La Luisiana. Exodo de franceses y españoles a Cuba.
- El obispo Espada asume la presidencia de la Sociedad Patriótica de La Habana. Inicia la visita pastoral a su diócesis.
- Comienza la construcción del Cementerio General, llamado «de Espada» por el interés del obispo en su erección.
- Nace José María Heredia.
- Se eleva a archidiócesis la circunscripción eclesiástica de Santiago de Cuba; sufragáneas: La Habana y Puerto Rico; arzobispo metropolitano: Joaquín Osés y Alzua. Reconstrucción de la Catedral.

1804
- España declara la guerra a la Gran Bretaña. Aislamiento de Cuba que provoca una grave crisis económica.
- El Papa Pío VII corona a Napoleón en París, el 2 de diciembre.
- Los EE. UU. amenazan con ocupar Cuba si España no le cede la Florida occidental.
- El obispo Espada inicia con su amigo Tomás Romay una campaña a favor de la vacuna y prohibe los enterramientos en las iglesias.
- Un grupo de 16 monjas ursulinas procedentes de Nueva Orleans, 9 de ellas cubanas, fundan un colegio para niñas en La Habana.
- Segunda visita de Humboldt a Cuba.
- Independencia de Haití, que se constituye en república, bajo la presidencia de Jean Jacques Dessalines.
- Población de Cuba: 432,000; blancos, 234,000; de color, 198,000.

1805
- Crisis del tabaco. Arango y Parreño propone en un informe la supresión de la Factoría y del estanco.
- El obispo Espada publica «Exhortación a los fieles de La Habana, hecha por el prelado diocesano sobre el Cementerio General de ella».
- Thomas Jefferson, Presidente de los EE. UU., partidario de que los EE. UU. ocupen la isla de Cuba. Oposición de Francia e Inglaterra.
- Batalla de Trafalgar. Derrota de la flota franco-española.

1806
- Se inaugura el Cementerio General de La Habana, llamado «de Espada».
- El obispo Espada publica su «Exhortación al uso general de la vacuna».

1807
- El Congreso de los EE. UU. aprueba una «ley del embargo» que paraliza el comercio exterior y coloca a Cuba en situación de bloqueo. Bajan los precios del azúcar y el café.
- Inglaterra prohibe la trata de esclavos.

1808
- Sublevación del pueblo español contra Napoleón. Motín de Aranjuez. Abdicación de Carlos IV, proclamación de Fernando VII y prisión de ambos en Francia.
- José I, Bonaparte, rey de España, impuesto por Napoleón.

- En Cuba, el Gobernador Marqués de Someruelos, proclama rey a Fernando VII y considera a la Isla en guerra con Francia.
- Intento fracasado de Someruelos de constituir una Junta provincial de notables que ejerzan autoridad sobre los centros administrativos y fiscalicen sus operaciones.
- Son expulsados de Cuba 16,000 franceses que pasan a Nueva Orleans.
- Derrota de los franceses en su lucha con los dominicanos. Santo Domingo vuelve a ser Española.

1809
- Primera conspiración independentista dirigida por Román de la Luz en La Habana. Lo secundan Luis Francisco Basave, Joaquín Infante y Manuel Ramírez.
- James Madison, Presidente de los EE. UU.

1810
- El Consejo de Regencia de España dispone la concurrencia de Diputados de los dominios españoles de América y Asia a las Cortes extraordinarias que habrán de celebrarse inmediatamente.
- El empadronamiento de la Isla realizado por Arango y Parreño da como resultado 600,000 habitantes; 274,000 blancos y 326,000 de color.
- Libertad de prensa restrictiva por decreto de las Cortes.
- Son elegidos diputados a Cortes Andrés Jáuregui por La Habana y Juan Bernardo O'Gavan por Santiago.
- Comienza a construirse una nueva catedral en Santiago de Cuba.
- Comienzo de las guerras de independencia en la América española.

1811
- Carta Pastoral del Obispo Espada a sus diocesanos inspirándoles el amor a la religión y a la patria.
- Protestas en la Isla contra proyectos presentados en las Cortes de Cádiz que piden la supresión de la trata de negros y la abolición de la esclavitud. Alegato a las Cortes de la Sociedad Patriótica, Ayuntamiento de La Habana y Consulado, redactado por Arango y Parreño.
- Félix Varela gana por oposición la cátedra de Filosofía en el Seminario de San Carlos y San Ambrosio. El obispo Espada lo ordena de presbítero.
- Nace el 7 de junio Antonio Bachiller y Morales.

1824
- En Matanzas, levantamiento de Gaspar Antonio Rodríguez en favor de la Constitución de 1812.
- Arango y Parreño es designado Intendente del ejército y de la Real Hacienda, que por su quebrantada salud, ocupa Martínez de Pinillos.
- El P. Félix Varela comienza la publicación en Filadelfia de «El Habanero», papel periódico científico y literario que se distribuye en Cuba, desde el cual propone la independencia para Cuba.
- Luz y Caballero desempeña la cátedra de Filosofía en el Seminario de San Carlos y San Ambrosio.
- Se aplica a Cuba la Real Orden de 25 de diciembre de 1823, mandando que los conventos desamortizados, con sus bienes, sean devueltos a las órdenes religiosas.
- Con la victoria de Ayacucho (Perú) del general Antonio José de Sucre sobre las tropas españolas, se completa la independencia de la América hispana, con excepción de Cuba y Puerto Rico.

1825
- El cubano José Agustín Arango y el puertorriqueño Antonio Valero, se entrevistan en Lima con Bolívar, el cual les muestra la necesidad de diferir cualquier acción liberadora de las Antillas.
- Real Orden concediendo facultades omnímodas al Gobernador y Capitán General de Cuba.
- Arzobispo de Santiago de Cuba, Mariano Rodríguez de Olmedo y Valle (1825-31)
- Real Orden del 30 de junio prohibiendo la circulación del periódico «El Habanero».
- Población de Cuba: 715,000 habitantes; 325,000 blancos y 390,000 de color.
- John Quincy Adams, Presidente de los EE. UU.

1826
- Conspiración independentista de Francisco Agüero y Andrés Manuel Sánchez, que son detenidos, condenados y ejecutados.
- Alejandro de Humboldt publica en París su «Ensayo político sobre la Isla de Cuba».
- Se celebra en Panamá el Congreso de naciones americanas, donde diversas presiones impiden que se trate de la emancipación de Cuba, en tanto que Colombia y México intentan anexarse la Isla.
- El Gobernador Vives divide la Isla en tres departamentos: Occidental, Central y Oriental.

1827
- Se funda en La Habana el hospital de San Dionisio, el primero en Cuba para enfermos mentales.
- Aparece en París, en español, el «Ensayo político sobre la Isla de Cuba», de Alejandro de Humboldt, que es prohibido en La Habana.

1828
- Solemne inauguración del Templete de La Habana que conmemora la fundación de la Villa.
- Nace en Puerto Príncipe Salvador Cisneros Betancourt.
- El Vaticano inicia un proceso contra el obispo Espada.
- Conspiración del «Aguila Negra», organizada en México y extendida por toda la Isla; descubierta, son condenadas a muerte seis personas a quienes después se les conmuta la pena.
- Comienza a publicarse en Filadelfia «El Mensajero Semanal», redactado por José A. Saco y el P. Varela, que circula en la Isla.
- Se editan los «Anales de Ciencias, Agricultura y Artes», dirigidos por Ramón de la Sagra.
- Real Decreto de 1º de agosto, prohibiendo la masonería en la Isla de Cuba.
- Arango y Parreño propone poner fin a la trata clandestina de esclavos.

1829
- Inauguración del Teatro «El Diorama», del pintor Juan Bautista Vermay.
- Comienza a publicarse en La Habana la revista «La Moda o Recreo Semanal del bello sexo», fundada por Domingo Del Monte.
- Andrew Jackson, Presidente de los EE. UU.
- Pío VIII, Papa.

1830
- Supresión del Consulado. Se crea la Junta de Fomento.
- Muere en Santa Marta, Colombia, Simón Bolívar.
- Población de la Isla: 755,695 habitantes; 332,352 blancos y 423,343 de color.
- Se publica por primera vez, por la sección de historia de la Sociedad Patriótica de La Habana, el libro de José Martín Félix de Arrate «Llave del Nuevo Mundo».

1831
- Nace en Manzanillo Bartolomé Masó.
- Comienza a publicarse el Semanario «Puntero Literario» en el que colaboran Domingo del Monte y Bachiller y Morales.
- Comienza a publicarse en La Habana la «Revista Bimestre Cubana» por Mariano Cubí Soler.
- José Antonio Saco redacta su «Memoria sobre la vagancia en la Isla de Cuba», que es premiada por la Real Sociedad Patriótica de La Habana.
- Se establece la primera imprenta en Las Villas.
- Gregorio XVI, Papa.

1832
- Comienza a construirse en La Habana el nuevo acueducto de Fernando VII.
- Muere el obispo de La Habana Juan José Díaz de Espada y Fernández de Landa.
- Mariano Ricafort asume el Gobierno de Cuba.
- José A. Saco comienza a dirigir la «Revista Bimestre Cubana», que ha sido cedida por su fundador a la Sociedad Patriótica.
- Luz y Caballero se encarga de la Dirección Literaria del Colegio San Cristóbal (conocido como de Carraguao).
- Es nombrado arzobispo de Santiago de Cuba el franciscano Cirilo Alameda Brea (1832-49).
- Nace en Trinidad Juan Bautista Spotorno, y en Manzanillo, Manuel de Jesús Calvar.

1833
- Nace en Tunas, Vicente García.
- Abolición de la esclavitud en las colonias inglesas.
- José de la Luz y Caballero propone la fundación del «Instituto Cubano» para la enseñanza de la literatura, las ciencias físico-naturales y la economía, y destinado también a la formación de maestros.
- Muere en La Habana del cólera morbo, el pintor Juan Bautista Vermay.
- Nace en Puerto Príncipe, Carlos J. Finlay.
- Muere Fernando VII. María Cristina de Nápoles, su esposa, Reina Gobernadora, durante la minoridad de Isabel II, su hija. Levantamiento Carlista.

1834

- Miguel Tacón, Gobernador y Capitán General de Cuba.
- Se constituye la «Academia Cubana de Literatura» que despierta suspicacias políticas.
- Saco publica el folleto «Justa defensa de la 'Academia Cubana de Literatura'».
- Tacón dicta una orden de destierro contra Saco que es confinado a la villa de Trinidad.
- Luz y Caballero redacta la «Representación de Don José Antonio Saco al Excmo. Señor Gobernador y Capitán General Miguel Tacón» que firma el propio Saco para evitar su destierro. Respuesta de Tacón: «El señor Saco vaya a su destino».
- Cuádruple alianza de Gran Bretaña, Francia, Portugal y España.

1835

- Saco logra emigrar a Europa y publica en Madrid el folleto «Clamor de los cubanos», contra el régimen dictatorial de Tacón.
- Nombramiento del general Manuel Lorenzo, de talante liberal, como Gobernador de Santiago de Cuba.
- Real Orden del 29 de julio, nombrando Censores Regios en Cuba.
- Nuevos convenios con Gran Bretaña declarando ilegal la trata de esclavos.
- Nace Tomás Estrada Palma en Bayamo el 9 de julio.
- Luz y Caballero enseña Filosofía en el Convento de San Francisco de La Habana.
- El P. Varela comienza a publicar en Nueva York, «Cartas a Elpidio sobre la impiedad, la superstición y el fanatismo en sus relaciones con la sociedad».
- Muere en La Habana el P. José Agustín Caballero.
- Alzamiento de negros en el barrio habanero de El Horcón.
- Se inaugura en La Habana el acueducto de Fernando VII.

1836

- En España, en agosto, sublevación de La Granja. Los sublevados obligan a la Reina Gobernadora a restablecer y proclamar la Constitución de Cádiz de 1812.
- Nace en Baní, Santo Domingo, Máximo Gómez Báez.
- El Gobernador de Santiago de Cuba, Gen. Manuel Lorenzo, proclama la Constitución en esa ciudad, que el Capitán General Tacón no acepta.
- Se publica en Matanzas el «Diccionario provincial de voces cubanas» de Esteban Pichardo.

➤ Se crea la sociedad secreta afro-cubana Abakuá (ñáñigos) en el barrio habanero de Regla por obreros portuarios.

1837
➤ Inauguración del primer tramo (Habana-Bejucal) del «camino de hierro de La Habana a Güines», primer ferrocarril de los territorios españoles.
➤ José a Saco publica en Madrid el folleto: «Paralelo entre la Isla de Cuba y algunas colonias inglesas».
➤ Los diputados a Cortes elegidos por la Isla de Cuba suscriben una protesta, redactada por José A. Saco, por la exclusión de los actuales y futuros diputados de ultramar, y sobre la necesidad de regir aquellos países por leyes especiales.
➤ Muere Francisco de Arango y Parreño.
➤ El Obispo de Santiago de Cuba, Cirilo Alameda, huye a Jamaica.
➤ Martin Van Buren, Presidente de los EE. UU.

1838
➤ Inauguración en La Habana del teatro «Tacón».
➤ Se aprueba por las Cortes de Madrid un proyecto de ley decretando que las islas de Cuba y Puerto Rico contribuyan a los gastos de guerra con el subsidio extraordinario de guerra y la venta de los bienes de las comunidades religiosas, que en Cuba afectan a veinte conventos franciscanos, dominicos, hospitalarios de San Juan de Dios, mercedarios, agustinos, belemitas y capuchinos en toda la Isla.
➤ Joaquín de Ezpeleta, Capital General de Cuba.
➤ Aparece la revista «El plantel», fundada por Ramón Palma y José Antonio Echevarría.
➤ Inauguración del ferrocarril Habana-Güines.
➤ Sublevación de negros en Trinidad.

1839
➤ El Papa Gregorio XVI promulga la bula «In supremo apostolatus» denunciando la esclavitud, cuya divulgación se prohibe en Cuba.
➤ Muere el poeta José María Heredia.
➤ Se crea la Audiencia de La Habana.
➤ Nace en Holguín, el 4 de agosto, Calixto García Iñiguez.
➤ Luz y Caballero, Director de la Sociedad Patriótica.
➤ Cirilo Villaverde publica la primera versión de su novela «Cecilia Valdés o La Loma del Angel».
➤ En España, fin de la Guerra Carlista con el convenio de Vergara.

1840
- Ezpeleta es sustituido en la Capitanía General de Cuba por Pedro Téllez Girón, Príncipe de Anglona.
- Aparece el «Repertorio Médico Habanero», primera revista médica de Cuba fundada por Nicolás J. Gutiérrez.
- Se introduce en Cuba el daguerrotipo.
- Inicio de un ascenso de la producción azucarera: más de 90,000 toneladas en 1,200 ingenios.
- En España regencia de Baldomero Espartero.

1841
- Gobernador y Capitán General de Cuba, Jerónimo Valdés.
- Sublevación de esclavos que trabajan en la construcción del Palacio de Aldama en La Habana.
- Nace el 23 de diciembre en Puerto Príncipe, Ignacio Agramonte y Loynaz.
- Censo de población: 1,007,624 habitantes: blancos 418,291; de color 589,333.
- William Henry Harrison, Presidente de los EE. UU.

1842
- Secularización de la Pontificia Universidad de San Jerónimo, que comienza a llamarse Real y Literaria Universidad de La Habana. Los PP dominicos se retiran y entregan el ex-convento de San Juan de Letrán a la nueva Universidad.
- Primer movimiento de anexión a los EE. UU., de carácter fundamentalmente económico, motivado por los movimientos antiesclavistas. El General Narciso López se manifiesta dispuesto a unirse a los anexionistas.
- El cónsul inglés en Cuba, David Turnbull, traza un plan para la independencia de Cuba y la abolición de la esclavitud. Es sustituido.
- Plan General de instrucción pública para las escuelas de Cuba y Puerto Rico.

1843
- En España, las Cortes declaran mayor de edad a la reina Isabel II, a los 13 años.
- Jerónimo Valdés es relevado de la Capitanía General de Cuba por Leopoldo O'Donnell.
- Sublevación de negros en varios ingenios del distrito de Matanzas, conocida como «conspiración de la escalera» por el método de

tortura a latigazos de los sublevados atados a una escalera. Muchos son ejecutados, entre ellos el poeta «Plácido» (Gabriel de la Concepción Valdés), y el músico Tomás Buelta y Flores.

1844
- Comienza a publicarse en La Habana el «Diario de la Marina», órgano oficial del apostadero.
- Se inaugura en La Habana el Monte de Piedad.
- Aumentan considerablemente las importaciones y exportaciones entre Cuba y los EE. UU.
- Independencia de Santo Domingo.
- Un huracán que azota gran parte de la Isla hace mermar las cosechas, especialmente en los cafetales.
- Se funda el Liceo Artístico y Literario de la Habana.
- Se publica en París «La Havane» de la Condesa de Merlín, y en Madrid la primera versión castellana con el título «Viaje a La Habana», precedido de una biografía de la autora por Gertrudis Gómez de Avellaneda.

1845
- Ley que establece severas penas para los traficantes de esclavos, pero «en ningún caso ni tiempo podrá procederse ni inquietar en su posesión a los propietarios de esclavos, con pretexto de la procedencia de éstos».
- José A. Saco publica, modificado y ampliado, su escrito de 1837: «La supresión del tráfico de esclavos africanos en la Isla de Cuba, examinada con relación a su agricultura y a su seguridad», que circula libremente en Cuba.
- Nace el 14 de junio en Santiago de Cuba, Antonio Maceo.
- Se inicia la conspiración «Mina de la Rosa Cubana», de Narciso López.
- James Knox Polk, Presidente de los EE. UU.

1846
- Crisis cafetalera; disminución de los cafetales y reducción de la exportación de café.
- Narciso López, militar español nacido en Venezuela, decide consagrarse a la obra de terminar la dominación española en Cuba.
- Es nombrado obispo de La Habana Francisco Fleix y Solanas (1846-64).
- Se establece la primera imprenta en Pinar del Río.

- Censo de población: 898,754 habitantes; 425,769 blancos; 472,985 de color.
- Domingo del Monte redacta en París sus «Reflexiones sobre la balanza mercantil entre Cuba, Estados Unidos e Inglaterra», en el que analiza las razones que inspiran a los anexionistas.
- Pío IX, Papa.

1847
- Se favorece la importación de indios yucatecos y chinos como mano de obra. Llegan a Cuba los primeros 206 «colonos» chinos en régimen de esclavitud.
- Crisis mundial que repercute en Cuba.
- En La Habana, Trinidad y Camagüey, surge un partido que proclama abiertamente la anexión a los EE. UU.
- Llegan a Cuba las primeras religiosas Hijas de la Caridad de San Vicente de Paúl, que se hacen cargo en La Habana de la Casa de Beneficencia, y con ellas los primeros sacerdotes de la Congregación de la Misión (Paúles).
- El actor Bartolomé José Crespo, con el seudónimo de «Creto Gangá» crea el personaje del negrito en el teatro cubano.

1848
- Luz y Caballero funda el Colegio del Salvador, en el Cerro.
- Federico Roncali, Conde de Alcoy, sucede a O'Donnell en la gobernación de Cuba.
- José A. Saco publica en París el folleto «Ideas sobre la incorporación de Cuba en los Estados Unidos».
- Aparece en Nueva York el periódico cubano «La Verdad», órgano del Partido Anexionista, que circula ampliamente en Cuba de manera secreta. Lo dirige Gaspar Betancourt Cisneros.
- Abolición de la esclavitud en las colonias francesas de las Antillas.
- Conspiración del «Club de La Habana», dirigido por José Luis Alfonso y Miguel Aldama.
- Proyecto de compra de Cuba por los EE. UU. Negativa española.
- Narciso López es privado de empleos y preeminencias en el Ejército español y colocado en situación de reemplazo.
- El Gobernador eclesiástico Jerónimo de Usera implanta un nuevo plan de estudios para el Seminario San Basilio Magno de Santiago de Cuba.
- Narciso López crea la bandera de la revolución, con la colaboración de Miguel Teurbe Tolón.
- Manifiesto comunista redactado por Marx y Engels.

1849
- Fracaso de las primeras expediciones de N. López de Cat Island y Round Island por la vigilancia de la marina estadounidense. Se crea el Consejo de Organizaciones y Gobierno Cubano.
- En diciembre se forma en Nueva York la «Junta Patriótica promotora de los intereses políticos de Cuba» para proseguir la guerra en Cuba.
- Muere en La Habana Tomás Romay.
- José A. Saco recoge todas las impugnaciones que le han sido dirigidas y publica el folleto «Réplica de José A. Saco a los anexionistas que han impugnado sus ideas sobre la incorporación de Cuba a los Estados Unidos».
- Acercamiento del Consejo y la Junta al general norteamericano John A. Quitman, que rehúsa, en favor de Narciso López, dirigir un desembarco en Cuba.
- Nace en Puerto Príncipe, Enrique José Varona.
- Zachary Taylor, Presidente de los EE. UU.

1850
- Inauguración de los teatros «Reina Isabel II», en Santiago de Cuba, y «El Principal» en Puerto Príncipe.
- Roncali es sustituido en la gobernación de Cuba por José Gutiérrez de la Concha.
- La expedición de Narciso López en el barco «Creole» llega a Cárdenas el 19 de mayo, y venciendo la resistencia española toma la ciudad izando allí por primera vez en la Isla una bandera cubana. No pudo llegar a Matanzas por lo que se reembarca.
- Intento de Narciso López de desembarcar en la costa de Mantua.
- Fracaso de una nueva expedición de López en el «Cleopatra».
- Intento frustrado de levantamiento por Isidoro Armenteros en Trinidad.
- Es nombrado arzobispo de Santiago de Cuba Antonio María Claret Clará (1850-59).
- Se crea en La Habana la «Milicia Voluntaria de Nobles Vecinos».
- Población: 973,742 habitantes; blancos, 479,490; de color, 494,252.
- Millard Fillmore, Presidente de los EE. UU.

1851
- Expedición de N. López a bordo del «Pampero» que desembarca en agosto en la costa norte de Pinar del Río. Son dispersados y aniquilados en pocos días. Narciso López es apresado y ejecutado

en garrote vil. Cincuenta expedicionarios norteamericanos son fusilados en las faldas del Castillo de Atarés.
- ➤ Visita misionera y pastoral de obispo Claret a su diócesis.
- ➤ Alzamiento de Joaquín Agüero en Camagüey, el 5 de julio.
- ➤ Constitución de Narciso López.
- ➤ Concordato entre la Santa Sede y el gobierno español.

1852
- ➤ José A. Saco publica en París el folleto «La situación política de Cuba y su remedio».
- ➤ Concha es sustituido en el mando de Cuba por Valentín Cañedo.
- ➤ Se funda en Nueva York la Junta Cubana, con el objeto de aunar las fuerzas del exilio.
- ➤ Aparece en La Habana el periódico clandestino «La Voz del Pueblo Cubano», dirigido por Juan Bellido de Luna y sostenido por los miembros de la Junta Cubana de Nueva York.
- ➤ Es descubierta la llamada «Conspiración de Vuelta Abajo». La dirigen Anacleto Bermúdez, el Conde de Pozos Dulces, Porfirio Valiente, Juan Bellido de Luna, Luis Eduardo del Cristo y Francisco Estrampes, que son condenados a presidio o a destierro.
- ➤ Eduardo Facciolo, tipógrafo de la imprenta de «La Voz del Pueblo Cubano», es apresado y condenado a muerte en garrote vil.
- ➤ Real Decreto confiriendo a los Capitanes Generales facultades como a los gobernadores de plazas sitiadas.
- ➤ Terremoto en Santiago de Cuba.
- ➤ Muere en París María de las Mercedes Santa Cruz y Montalvo, Condesa de Merlín.
- ➤ Población de Cuba: 984,042 habitantes.

1853
- ➤ Nace en La Habana José Martí.
- ➤ Muere en San Agustín de la Florida el P. Félix Varela.
- ➤ Aparece la «Revista de La Habana», de la que son editores Rafael María Mendive y José de Jesús García Valdés.
- ➤ Muere el escritor cubano-venezolano Domingo del Monte.
- ➤ Capitán General de Cuba Juan de la Pezuela, que da a conocer una «Ordenanza de emancipados» por la que se declara que éstos son libres; una circular para que se persiguiese la introducción de negros bozales; una Ordenanza para regular la introducción y el manejo de colonos españoles, indios yucatecos y chinos.
- ➤ Es extinguida la Audiencia de Puerto Príncipe.
- ➤ Llegan a Cuba las religiosas claretianas.

➤ Franklin Pierce, Presidente de los EE. UU.

1854
➤ Norteamérica plantea nuevamente la compra de Cuba a España por 130 millones de dólares y prohibe las expediciones a la Isla. Protesta de los emigrados cubanos en EE. UU.
➤ El Gobernador Pezuela publica un Bando en el que se rechaza como falsa la «invención» de que se declararía la abolición de la esclavitud.
➤ Se restablece la Compañía de Jesús en Cuba y se le entrega el edificio de la Convalecencia de Belén donde establece el Real Colegio de La Habana.
➤ El arzobispo Claret apoya la política de Pezuela a favor de los esclavos.
➤ Por segunda vez asume la Capitanía General de Cuba el General José Gutiérrez de la Concha.
➤ Bajo la inspiración de Concha, peninsulares reformistas elevan a la Reina y a las Cortes exposiciones en las que se muestran partidarios de reformas administrativas.
➤ En España, expansión del krausismo desde la cátedra de Julián Sanz del Río en Madrid.

1855
➤ El catalán-cubano Ramón Pintó es ejecutado a garrote vil por orden del General Concha, acusado de participar en la conspiración preparada en los EE. UU. por la Junta Cubana, que se iba a iniciar con una expedición mandada por el general norteamericano John A. Quitman.
➤ La Junta Cubana declara su error al confiar en el apoyo de los EE. UU. y el unir la suerte de la revolución al anexionismo esclavista, y se disuelve.
➤ Los patriotas cubanos asumen tres cuestiones esenciales: a) renuncia a la idea de anexión; b) aspiración decidida a la independencia; c) aceptación de la emancipación de los esclavos.
➤ Período de prosperidad en los EE. UU. que se hace sentir en Cuba.
➤ Conspiración de la Sociedad «El Ave María».
➤ Real Cédula que crea alcaldías mayores en toda la Isla.
➤ Francisco Estrampes es ejecutado tras sorprenderlo introduciendo armas en Baracoa.
➤ Terremoto en Santiago de Cuba.
➤ Se fundan en Santiago de Cuba las religiosas claretianas.

- Se publica en Nueva York el periódico «El eco de Cuba» dirigido por Domingo Goicuría.
- Población: 1,044,185; blancos: 498,752; de color: 545,433.

1856
- Real Orden creando el Banco Español con un capital de tres millones de pesos.
- José A. Saco publica en París el folleto: «La cuestión de Cuba, o sea Contestación al Constitucional de Madrid y a Don José Luis Retortillo» impugnadores del folleto intitulado 'La situación política de Cuba y su remedio'». Y anuncia que con este trabajo cierra para siempre su carrera de escritor político.
- Aparece el espiritismo en Cuba procedente de EE.UU., donde lo inician las hermanas Foy en Hydesville.

1857
- Pánico financiero mundial cuyos efectos se hacen sentir pronto en Cuba.
- Llegan a Cuba los sacerdotes de las Escuelas Pías que fundan colegio y una Escuela Normal en Guanabacoa.
- James Buchanan, Presidente de los EE. UU. bajo cuya administración los EE. UU. plantean nuevamente la compra a España de la Isla de Cuba.
- Fundación del Observatorio del Colegio de Belén de los PP. Jesuítas.

1858
- El obispo Claret es víctima de un atentado.
- Felipe Poey termina de publicar su obra «Memorias sobre la historia natural de la Isla de Cuba».
- José A. Saco imprime en París el primer tomo de una edición de sus obras que circula libremente en la Isla.
- Se establecen en La Habana y fundan colegio las religiosas del Sagrado Corazón.
- Constitución del Ave María.
- Comienza a publicarse en La Habana el periódico «La verdad católica».
- Inauguración de las Escuelas Pías de Puerto Príncipe.
- Proclamación de N. S. de la Caridad del Cobre como Patrona del Cuarto Batallón del Cuerpo de Voluntarios de la Isla de Cuba.
- Benito Juárez, Presidente de México.

1859
- Francisco Serrano, Duque de la Torre, ocupa la Capitanía general de Cuba.
- Intento del Presidente de los EE. UU. Buchanan para la compra de Cuba.
- Antonio Bachiller y Morales comienza la publicación de «Apuntes para la historia de las letras y de la instrucción pública de la Isla de Cuba».
- Población: 1,129,304 habitantes: blancos, 589,777; de color, 539,527.
- El 5 de diciembre tres logias masónicas estadounidenses fundan la Gran Logia de Colón en Santiago de Cuba.

1860
- Se funda en La Habana la Academia de Ciencias Médicas, Físicas y Naturales.
- Real Decreto del 7 de julio sobre «Introducción de asiáticos y reglamento para su gobierno», que había sido preparado por el Gobernador Concha.
- Alvaro Reynoso publica en La Habana su «Ensayo sobre el cultivo de la caña».
- Se publica en París la «Colección de escritos sobre agricultura, industria, comercio y otros ramos de interés para la Isla de Cuba» del Conde de Pozos Dulces.
- Manuel Negueruela Mendi nuevo arzobispo de Santiago de Cuba (1860-61).

1861
- Inicio de la Guerra de Secesión en los EE. UU.
- El hospital de San Juan de Dios de La Habana es trasladado al edificio de la antigua Cárcel Nacional y se vuelve a llamar Hospital de San Felipe y Santiago.
- Nace el Partido Reformista, que adquiere el diario político, económico y mercantil «El Siglo» fundado por José Quintín Suzarte.
- Santo Domingo se reincorpora a España.
- Abraham Lincoln, Presidente de los EE. UU.

1862
- Muere en su colegio de El Salvador, en el Cerro, José de la Luz y Caballero. El Gobernador Francisco Serrano dispone honores póstumos al maestro cubano.

- Nombrado arzobispo de Santiago de Cuba Primo Calvo Lope (1862-68).
- Domingo Dulce, Capitán General de Cuba.
- Población: 1,396,470 habitantes: blancos, 793,484; de color, 602,186.
- Se funda en La Habana la logia masónica "Amor fraternal".

1863
- Abolición de la esclavitud en los EE. UU.
- Se crean los Institutos de segunda enseñanza en toda la Isla.
- Construcción del teatro «Sauto» de Matanzas.
- Sublevación en Santo Domingo contra España.

1864
- Se inaugura la telegrafía entre La Habana y Santiago de Cuba.
- Se hace cargo de la dirección del periódico reformista «El Siglo», el Conde de Pozos Dulces.
- El Papa Pío IX publica el «Syllabus de errores» donde en 80 puntos condena una serie de errores como que el Papa puede y debe reconciliarse con el progreso, el liberalismo y la civilización moderna.
- Se funda en Londres la I Internacional.

1865
- Carlos J. Finlay presenta en la Academia de ciencias de La Habana su «Memoria sobre etiología de la fiebre amarilla», con la que accede al título de socio supernumerario de la institución.
- Nuevo obispo de La Habana, el capuchino Jacinto Mª Martínez Sáez (1865-73).
- Introducción de los «lectores de tabaquería» durante el trabajo en los talleres de fabricación de tabacos.
- En forma de una carta al Duque de la Torre, en Madrid, el Partido Reformista dirige un manifiesto que firman más de veinte mil personas donde se pide para Cuba la reforma de la ley arancelaria, el cese de la trata de negros y la representación política de Cuba en el Congreso Nacional.
- José Martí comienza a frecuentar la Escuela Municipal de Varones que dirige Rafael María Mendive.
- Con alto costo España se retira de Santo Domingo. Nace la República Dominicana.
- Es asesinado el Presidente de los EE. UU., Abraham Lincoln.
- Andrew Johnson, Presidente de los EE. UU.

- Se establece, promovida por España, la Junta de Información para aconsejar las reformas en el régimen colonial.

1866
- Breve Capitanía de la Isla de Francisco Lersundi. Lo sustituye Joaquín del Manzano.
- Se suprime por el Gobierno español las lecturas en las tabaquerías.

1867
- Se extingue la Junta de Información.
- Rafael María Mendive funda el colegio «San Pablo».
- Se toca por primera vez el Himno de Bayamo, compuesto por Perucho Figueredo, durante un Te Deum en la iglesia Parroquial Mayor de Bayamo.
- La Junta Revolucionaria de Bayamo envía comisionados a diversos lugares de la Isla e informa que Santiago y Puerto Príncipe secundan el levantamiento que se prepara; que hay división en La Habana, y en Las Villas no hay ambiente revolucionario.
- Se celebra la «Convención de Tersán» en la finca «San Miguel del Rompe», donde se discute la fecha del levantamiento independentista.
- Blas Villate, Conde de Valmaseda, Capitán General. Lo sustituye en diciembre Francisco Lersundi, que ocupa el cargo por segunda vez.
- Población: 1,426,475 habitantes: blancos, 833,157; de color: 593,318.

1868
- Al levantarse en armas en el ingenio «La Demajagua» el 10 de octubre el abogado bayamés Carlos Manuel de Céspedes con un numeroso grupo de manzanilleros, se lanza el «Manifiesto de la Junta Revolucionaria a la Isla de Cuba, dirigido a sus compatriotas y a todas las naciones» exponiendo las causas del gesto revolucionario. Inicio de la Guerra de los Diez Años.
- Céspedes concede la libertad a sus esclavos y dicta, en su calidad de capitán general del Ejército Libertador de Cuba y encargado de su Gobierno provisional, un Decreto de 27 de diciembre aboliendo la esclavitud.
- Toma de la ciudad de Bayamo. La bandera de La Demajagua es bendecida por el cura bayamés Maximiliano Izaguirre; Céspedes

penetra en el templo bajo palio, cantándose un Te Deum, oficiado por el P. Diego José Batista.
- Aparece en Bayamo el periódico «El cubano libre», el 18 de octubre.
- Comienza en noviembre la revolución en Camagüey con la sublevación, entre otros, de Salvador Cisneros Betancourt e Ignacio Agramonte. Toma de Guáimaro.
- El 10 de octubre, Máximo Gómez se une a la Revolución con el grado de Sargento.
- El vapor «Galvanic» llega a la costa norte de Camagüey con dos compañías y armamentos para los cubanos alzados.
- Grito de Lares en Puerto Rico.
- Se crea en La Habana el «Casino Español» con fines políticos pro-españolistas.
- En España, el ejército se subleva en Cádiz. La reina Isabel II es depuesta y huye a Francia. Gobierno provisional de Francisco Serrano, como Regente.
- Sucesos del teatro «Villanueva» de La Habana que es asaltado por los «voluntarios» durante una función donde se escuchan expresiones pro-cubanas; también atacan la «Acera del Louvre» y el Palacio de Aldama.

1869
- Domingo Dulce Capitán General de Cuba por segunda vez. Libertad de prensa. Aparecen en La Habana más de 30 periódicos. Crea un Consejo Administrativo para embargar los bienes de todos los cubanos colaboradores del movimiento insurrecto.
- La Asamblea del centro de la Isla (Nuevitas, Puerto Príncipe y Tunas) decreta el 20 de febrero la abolición de la esclavitud.
- Levantamiento de Las Villas.
- En la población de Guáimaro se convoca el 10 de abril a una Asamblea, donde se acuerda una «Constitución Política que regirá lo que dure la Guerra de la Independencia». Preside Carlos Manuel de Céspedes. Se adopta la bandera de Narciso López. Se nombra Presidente de la República a Carlos Manuel de Céspedes y jefe del ejército a Manuel de Quesada.
- La Cámara de Representantes, pide el 29 de abril la anexión de Cuba a los EE. UU. La Junta Cubana no le dió curso al Documento, por lo que no llegó al Gobierno Norteamericano.
- El 5 de julio se promulga por la Cámara de Representantes de la República Cubana un «Reglamento de Libertos» con el objeto de ordenar la libertad de los negros.

- México, Chile y Perú reconocen la beligerancia de los cubanos.
- Martí publica el periódico «Patria Libre» donde aparece su drama «Abdala», "escrito expresamente para la patria».
- Acusado de infidencia, Martí es detenido e ingresa en la Cárcel de La Habana.
- Antonio Maceo es nombrado Teniente Coronel.
- Destitución de Dulce por presión de los «voluntarios». Fin de la libertad de prensa. Sustituye a Dulce, Antonio Fernández Caballero de Rodas.
- Blas Villate, Conde de Valmaseda es designado jefe de operaciones. Guerra de exterminio.
- Valmaseda entra en Bayamo y encuentra que ha sido incendiada por los cubanos.
- El obispo de La Habana Jacinto Mª Martínez Sáez es expulsado de Cuba por el Capitán General.
- El 8 de diciembre comienza en Roma el Concilio Vaticano I.
- Ulysses Simpson Grant, Presidente de los EE. UU.

1870
- El Concilio Vaticano I aprueba el 18 de julio la Constitución «Pastor Aeternus» que define la infalibilidad del Papa.
- Amadeo I, rey de España.
- Las Cortes Constituyentes de la Nación española decretan el 4 de julio, y sancionan, la llamada «Ley de vientres libres», por la que todos los hijos de madres esclavas que nazcan después de la publicación de la Ley, serán declarados libres.
- En agosto, fundación en Santiago de Cuba de las Hermanas de la Caridad del Cardenal Sancha.
- Una orden de Carlos Manuel de Céspedes del 25 de diciembre promulga la abolición completa de la esclavitud y anula de hecho el «Reglamento de libertos».
- Antonio Maceo es ascendido a Comandante.
- Martí es sometido a Consejo de Guerra y condenado a seis años de prisión y a trabajos forzados.
- Cesa Caballero de Rodas. Lo sustituye Valmaseda.
- Quince masones son condenados por un Consejo de Guerra en Santiago de Cuba y fusilados cerca del El Cobre, entre ellos el Gran Maestro de la Logia de Colón
- En España asesinato de Prim, primer Ministro, considerado el único gobernante español propicio a resolver el problema de Cuba.
- Ante las autoridades norteamericanas los comisionados cubanos rechazan el autonomismo.

- José Martí es indultado y confinado a Isla de Pinos.
- En septiembre el papado pierde los Estados Pontificios.
- Se inaugura en La Habana el Teatro «Albisu».

1871
- Commune de París.
- Colombia reconoce la beligerancia de los cubanos.
- Martí es deportado a España. En Madrid publica «El presidio político en Cuba».
- Fusilamiento del poeta Juan Clemente Zenea.
- Condena a muerte de ocho estudiantes del primer curso de medicina de la Universidad y a prisión otros 31 estudiantes. La pena máxima a los ocho estudiantes es dictada por presión de los «voluntarios».
- Invasión de Guantánamo por Máximo Gómez.
- Se establecen en la Isla las religiosas del Amor de Dios y fundan colegio en La Habana.
- Primera piedra del nuevo Cementerio de Colón en la barriada habanera del Vedado.
- Al volver del Concilio Vaticano I en Roma al obispo de La Habana, Jacinto Mª Martínez Sáez se le prohibe desembarcar en La Habana y debe regresar definitivamente a España.

1872
- Antonio Maceo es ascendido a Coronel.
- Cisma en la Iglesia de Santiago de Cuba por el nombramiento como arzobispo, sin la aprobación papal, del P. Pedro Llorente y Miguel, chantre de la Catedral santiaguera.
- Calixto García toma Holguín.
- Valmaseda es sustituido en la Capitanía general de Cuba por Francisco Ceballos.
- En España comienza la segunda guerra carlista.

1873
- Abdicación de Amadeo I de Saboya.
- Se establece en España la I República.
- Martí publica en Madrid el folleto «La República española ante la revolución cubana».
- Muerte de Ignacio Agramonte en Jimaguayú.
- Destitución de Carlos Manuel de Céspedes como Presidente de la República en Armas. Manifiesto al pueblo y al Ejército de Cuba. Asume la presidencia Salvador Cisneros Betancourt.

- Junta local de censura en Cuba para poner en vigor la libertad de prensa. Aparecen en La Habana hasta veinte periódicos.
- El P. José Agustín Caballero redacta una Exposición para ser presentada a las Cortes por los diputados cubanos, que incluye un «Proyecto de Gobierno Autonómico para Cuba».

1812
- Jura de la Constitución de Cádiz.
- Se publica en Venezuela el primer proyecto de Constitución para Cuba redactado por Joaquín Infante.
- Conspiración dirigida por el negro libre José Antonio Aponte, que se subleva en el ingenio «Peñas Altas» de la comarca de Jaruco. Sublevación de esclavos también en Puerto Príncipe, Oriente y La Habana.
- Nuevo Gobernador de Cuba Juan Ruiz de Apodaca.
- El P, Félix Varela comiernza a publicar «Instituciones de Filosofía ecléctica para el uso de la juventud».
- El actor Francisco Covarrubias crea los personajes teatrales criollos.
- Se establece la primera imprenta en Camagüey

1813
- Se establece la primera imprenta en Matanzas.
- Napoleón prohibe la importación de azúcar por Europa.
- Se publica «Historia de la Isla de Cuba» de Antonio José Valdés.

1814
- Restauración del absolutismo en España por Fernando VII al regresar a España el monarca. Se publica en La Habana el Real Decreto aboliendo la Constitución de 1812.

1815
- Alejandro Ramírez es designado nuevo Intendente de Hacienda y Arango y Parreño Consejero Perpétuo de Indias.
- Por una Real Orden se deja sin efecto la expulsión de los jesuitas y se autoriza su regreso a los dominios españoles.
- Cuba obtiene de la Corte franquicias comerciales.
- Llega a La Habana el pintor francés Juan Bautista Vermay.

1816
- José de Cienfuegos y Jovellar nuevo Gobernador de la Isla.

- Alejandro Ramírez Director de la Socidad Patriótica, en la que se crea la sección de educación para promover el adelanto y la multiplicación de las escuelas.
- Primera estadística escolar en La Habana: 192 escuelas con 6,957 alumnos (316 de color).

1817
- El P. Félix Varela es admitido como socio de número en la Sociedad Patriótica.
- El censo da un total de 636,604 habitantes: blancos, 276,689; de color, 358,915 libres o esclavos.
- Un Real Decreto del 23 de junio pone término al estanco y deja libre la producción y venta del tabaco.
- Decreto de colonización blanca, dirigido a fomentar la inmigración subvencionada de españoles y extranjeros.
- Fundación del Jardín Botánico de La Habana con una Cátedra adscrita.
- James Monroe, Presidente de los EE. UU.

1818
- Por iniciativa del Intendente Alejandro Ramírez, se funda la Academia de dibujo y pintura San Alejandro, dirigida por el pintor francés Juan Bautista Vermay.
- El P. Félix Varela comienza a publicar «Lecciones de Filosofía».
- Real Decreto reconociendo el derecho de libre comercio con los países extranjeros.
- El 27 de marzo se constituye la masonería en la Isla con la fundación de la Gran Logia Española de Francmasones del Rito de York.
- El P. Varela pronuncia en la Sociedad Patriótica el «Elogio a S.M. el Rey D. Fernando VII, contraído solamente a los beneficios que se ha dignado conceder a la Isla de Cuba».

1819
- Llega al puerto de La Habana el primer barco de vapor, el «Neptuno», que hará la travesía de La Habana a Matanzas.
- Fundación de Fernandina de Jagua, después llamada Cienfuegos, por colonos franceses de La Luisiana.
- Real Cédula y Decreto contra las mercedes de realengos y baldíos.
- Nace Carlos Manuel de Céspedes en Bayamo.

- Se introduce la enseñanza de la química y la física en el Seminario de San Carlos y San Ambrosio y se crea la cátedra de Economía política, explicada por el Pbro. Justo Vélez.
- El hacendado Pedro Diago realiza la primera zafra con molinos o trapiches movidos a vapor.
- Nuevo Gobernador de Cuba, Juan Manuel de Cagigal.
- Los EE. UU. compran a España La Florida.

1820
- Inicio en España del segundo período constitucional, el llamado «trienio liberal», implantado por la sublevación de Rafael del Riego en Cabezas de San Juan.
- Regimientos españoles imponen la Constitución de 1812 en Cuba y obligan al Gobernador Cagigal a Proclamarla. Libertad de prensa y aumento de las sociedades políticas.
- Circular del obispo Espada sobre la explicación de la Constitución política de la monarquía española.
- Se establece en el Seminario de San Carlos y San Ambrosio una Cátedra para explicar la Constitución, patrocinada por la Sociedad Patriótica y apoyada por el obispo Espada. El P. Varela gana las oposiciones para dictar esa Cátedra.
- Cese legal de la trata de esclavos y comienzo de la trata ilegal.
- Se funda en La Habana el Colegio de San Cristóbal o de Carraguao.
- Decreto desamortizador contra el patrimonio de los regulares y supresión de monasterios.

1821
- Tratado entre España e Inglaterra para la supresión del tráfico de esclavos.
- El P. Varela publica «Observaciones sobre la Constitución política de la Monarquía española», como libro de texto de la Cátedra de Contitución en el Seminario de San Carlos y San Ambrosio.
- Nuevo Gobernador de Cuba, Nicolás Mahy. Cesan el Intendente Alejandro Ramírez, y Arango y Parreño.
- Muere Alejandro Ramírez.
- El P. Félix Varela es elegido Diputado a Cortes y embarca hacia España.
- Se hace extensivo a Cuba un nuevo arancel, equivalente a la supresión del comercio extranjero. Depresión económica.
- Independencia de México. Iturbide se declara emperador.
- Nace Francisco Vicente Aguilera.

1822
- Conspiración de «Soles y rayos de Bolívar». Jefes: Lemus, Teurbe Tolón y José Ma. Heredia.
- El P. Félix Varela presta juramento en las Cortes de Madrid junto a los otros Diputados de Cuba: Tomás Gener y Leonardo Santos Suárez.
- Se paraliza la creación de nuevas escuelas y se cierra la Cátedra de Economía política del Seminario de San Carlos y San Ambrosio.
- Haití invade nuevamente Santo Domingo.
- Plan de anexión de Cuba a los EE. UU., rechazado por el Presidente Monroe, que prefiere que Cuba y Puerto Rico permanezcan dependientes de España.
- Martínez de Pinillos logra en Madrid que quede sin efecto el nuevo arancel oneroso para Cuba y la creación de un puerto libre en La Habana.
- Muere el Gobernador Mahy. Lo sustituye Sebastián Kindelán.
- Aparece en La Habana la revista «El Americano Libre».

1823
- Comienza a discutirse en las Cortes de Madrid «El proyecto de instrucción para el gobierno económico político de las Provincias de Ultramar», redactado por el P. Varela, que se aprueba a falta de la sanción real.
- Disueltas las Cortes que se han trasladado a Sevilla y despues a Cádiz por el asedio francés, el P. Varela y los otros dos diputados de Cuba huyen hacia Gibraltar y embarcan a Nueva York al recaer sobre ellos la pena mayor por haber votado la incapacidad temporal del rey Fernando VII.
- Capitán General de Cuba Francisco Dionisio Vives.
- Final de la conspiración de «Soles y rayos de Bolívar» por apresamiento de sus dirigentes, entre ellos, José Francisco Lemus.
- Arango y Parreño publica el folleto «Reflexiones de un habanero sobre la independencia de esta Isla», en el que se opone a los intentos revolucionarios separatistas.
- Se lanza por los EE. UU. La Doctrina Monroe, que excluye la intervención europea en América y deja manos libres a EE. UU.
- Una misión de cubanos acude a Bogotá para entrevistarse con el Presidente Francisco de Paula Santander y lograr el apoyo de Colombia para la independencia de Cuba.
- León XII, Papa.

- Abolición de la esclavitud en Puerto Rico.
- Apresamiento del buque «Virginius» que conducía pertrechos de guerra para los cubanos. Fusilamiento de sus tripulantes.
- Victorias de Máximo Gómez en las batallas de La Sacra y Palo Seco.
- Capitanes generales, sucesivamente, Cándido Pieltain (abril) y Joaquín Jovellar (noviembre).
- Cese de las facultades omnímodas a los capitanes generales.
- Muere en Madrid Gertrudis Gómez de Avellaneda.

1874
- Batallas victoriosas para las tropas cubanas en El Naranjo y Las Guásimas.
- Muerte de Carlos Manuel de Céspedes.
- Calixto García es hecho prisionero por los españoles e intenta suicidarse. Vicente García Jefe de Oriente.
- Por tercera vez ocupa la Capitanía general de Cuba José Gutiérrez de la Concha.
- Población: 1,446,372 habitantes: blancos, 856,177; de color, 590,195.

1875
- Restauración monárquica en España: Alfonso XII, rey.
- Máximo Gómez atraviesa la trocha de Júcaro a Morón e invade Las Villas.
- Se produce la llamada sedición de Lagunas de Varona. El General Vicente García dirige un Manifiesto en el que pide la deposición del Presidente Salvador Cisneros, y la enmienda de la Constitución.
- Renuncia Cisneros Betancourt. Presidente de la República en Armas: Juan B. Spotorno.
- Es nombrado obispo de La Habana Apolinar Serrano Díaz (1875-76), y arzobispo de Santiago de Cuba José Martín Herrera de la Iglesia (1875-89).
- En carta a Vicente García, Antonio Maceo se muestra disconforme con lo que motivó la sedición de Lagunas de Varona.
- Por tercera vez ocupa la Capitanía general de Cuba el Conde de Valmaseda, Blas Villate.
- Se establece en Cuba la congregación religiosa Siervas de María Ministras de los enfermos.

➤ Se publica por primera vez en Madrid, la «Historia de las Indias», de Fray Bartolomé de las Casas que se refiere ampliamente a los primeros tiempos de la historia de Cuba.

1876
➤ Martínez Campos, General en Jefe de las tropas españolas en Cuba y Gobernador de la Isla.
➤ Presidente de la República en Armas, Tomás Estrada Palma.
➤ Crítica situación de la guerra en Las Villas
➤ Porfirio Díaz, Presidente de México.
➤ El Gen. Vicente García toma Victoria de las Tunas.
➤ En España fin de la Segunda guerra Carlista.

1877
➤ El General Arsenio Martínez Campos inicia una campaña militar y pacificadora, basada en la desmoralización de los cubanos.
➤ Muere en Nueva York Francisco Vicente Aguilera.
➤ Protesta de Santa Rita contra Estrada Palma, acaudillada por José Miguel Barreto.
➤ Estrada Palma es hecho prisionero por los españoles y enviado a España.
➤ Presidente de la República en Armas sucesivamente, Francisco J. de Céspedes, y Vicente García.
➤ Inauguración del teatro «Payret» en La Habana.
➤ Se publica «La Revista de Cuba», dirigida por José A. Cortina.
➤ Población: 1,434,747 habitantes: blancos, 963,175; de color, 471,572.
➤ Rutherford Birchard Hayes, Presidente de los EE. UU.

1878
➤ Presidente de la República en Armas, Manuel de J. Calvar.
➤ El 10 de febrero firma del Pacto del Zanjón entre el Comité del Centro de Camagüey y Martínez Campos, por el que se pacta que Cuba tendrá las mismas condiciones políticas que Puerto Rico a cambio del cese de hostilidades.
➤ Convención popular en el Masonic Hall de Nueva York y creación del Comité Revolucionario de la Emigración Cubana.
➤ El 15 de marzo entrevista entre Antonio Maceo y Martínez Campos en Baraguá. Maceo no acepta el pacto y anuncia la reanudación de las hostilidades.
➤ El 15 de marzo se firma la Constitución de Baraguá, base del Gobierno provisional que se constituye.

- El 9 de mayo Maceo se embarca para Jamaica.
- 28 de mayo: Capitulación de las fuerzas de Maceo y de Vicente García. El Pacto del Zanjón se extiende a toda la Isla. Fin de la Guerra de los Diez Años.
- En septiembre Martí llega a La Habana con su esposa Carmen Zayas Bazán. Trabaja en el bufete de Nicolás Azcárate. En noviembre nace su hijo.
- Real Decreto del 9 de junio que divide la Isla en seis provincias. Se considera de primera clase la de La Habana, de segunda la de Santiago de Cuba, y de tercera las de Pinar del Río, Matanzas, Santa Clara y Puerto Príncipe.
- El 1 de agosto se constituye el Partido Liberal.
- Llega a Nueva York el general Calixto García a quien se le ofrece, y acepta, la presidencia del Comité Revolucionario y hace público un Manifiesto.
- Se funda el partido Unión Constitucional, pro peninsular.
- Comienza a publicarse en Cuba el diario autonomista «El Triunfo».
- León XIII, Papa.

1879
- Aparece en La Habana «La Fraternidad», periódico fundado y dirigido por Juan Gualberto Gómez.
- Aparece en La Habana el diario de la tarde «La discusión», fundado por Adolfo Márquez Sterling.
- En un banquete homenaje al periodista Adolfo Márquez Sterling, Martí se declara contrario a la política autonomista.
- Estalla en Oriente la llamada «Guerra Chiquita».
- Prisión y deportación de Martí por sus actividades conspirativas junto a Juan Gualberto Gómez.
- Llamado Martínez Campos a la península. Ramón Blanco, gobernador. Asume la Capitanía General de la Isla, Luis Prendergast, Marqués de Victoria de las Tunas.
- Fundación del Centro Gallego de La Habana.
- Se establecen en Cuba las Hermanas del Buen Pastor de Angers, dedicadas a la educación de la juventud femenina descarriada.
- Segundo matrimonio del rey Alfonso XII con María Cristina de Habsburgo y Lorena.

1880
- Martí lee ante los emigrados cubanos de Nueva York, en Steck Hall, su primera gran disertación política, y se incorpora como vocal en el Comité Revolucionario Cubano.
- Proclama del Comité Revolucionario de Nueva York con motivo de la llegada a Cuba de Calixto García para hacerse cargo de la jefatura de la revolución.
- Se crea en suelo cubano un gobierno insurrecto.
- La capitulación del General Emilio Núñez pone fin a la lucha revolucionaria nombrada «Guerra Chiquita».
- Se establece en Cuba la Orden Carmelitana (PP. Carmelitas).
- Llegan a Cuba los primeros Padres Claretianos, la mayoría de los cuales muere de fiebre amarilla.
- Nuevo obispo de La Habana, Ramón Fernández de Piérola (1880-86).
- Comienzan a aparecer en La Habana las «Conferencias filosóficas» de Enrique José Varona.
- El Gobierno español promulga la Ley de Abolición de la Esclavitud sin indemnización, que deja a los esclavos sometidos al patronato de sus poseedores, por la que se llamó «Ley del Patronato».
- Aparece póstumamente en Nueva York la novela antiesclavista «Francisco: el ingenio o las delicias del campo», de Anselmo Suárez Romero, redactada en 1838.
- 6000 cubanos están afiliados a logias masónicas en Cuba.
- Se funda la Asociación de Dependientes del Comercio de La Habana.

1881
- Carlos J. Finlay realiza la primera inoculación experimental, reproduciendo la fiebre amarilla en el ser humano por la picada del mosquito «Aedes aegypty» en la clínica Garcini de La Habana.
- El Partido Liberal se convierte en Liberal Autonomista.
- Legalidad de los matrimonios entre negros y blancos.
- James Abram Garfield, Presidente de los EE. UU.
- En España, gobierno de Sagasta.

1882
- Aparece en Nueva York la primera edición completa de la novela «Cecilia Valdés o la Loma del Angel» de Cirilo Villaverde.

1883
- Gobernador y Capitán General de la Isla, Ignacio M. del Castillo.
- Depresión económica en la Isla.
- Intento de invadir a Cuba por Ramón Leocadio Bonachea. Es apresado y fusilado.
- Declaración de principios anarquista en Lyon.

1884
- Comienza a publicarse «El País», órgano de la Junta Autonomista. Director: Ricardo Delmonte.
- Expedición de Carlos Agüero.
- Capitán y Gobernador de Cuba, Ramón Fajardo.
- Se inaugura el teatro «Irijoa» en La Habana.
- En España, gobierno de Antonio Cánovas del Castillo.

1885
- Aparece la «Revista Cubana» dirigida por Enrique José Varona.
- Inauguración del teatro «La Caridad» en Santa Clara.
- Limbano Sánchez desembarca en Oriente para acaudillar gente alzada en Holguín. Es ejecutado.
- Muere Alfonso XII, rey de España. Regencia de la reina María Cristina.
- Stephen Grover Cleveland, Presidente de los EE. UU.
- Comienza a circular el diario de la tarde «La lucha», fundado y dirigido por Antonio San Miguel.

1886
- Se publica en la «Revista Cubana» de La Habana, la «Memoria que demuestra la necesidad de extinguir la esclavitud de los negros en la Isla de Cuba, atendiendo a los intereses de los propietarios», redactada por el P. Félix Varela, que no llegó a presentar en las Cortes de Madrid.
- Real Orden suprimiendo el Patronato, y Ley que autoriza decretar «la libertad de los actuales patrocinados de Cuba», con lo cual queda abolida la esclavitud.
- Capitán General de Cuba, Emilio Calleja.
- Fracasa un plan revolucionario de Máximo Gómez y Antonio Maceo.
- Llegan a Cuba las Hermanas de los Ancianos Desamparados.
- En España, nacimiento de Alfonso XIII.
- Fundación del Centro Asturiano de La Habana.

1887
➤ Se establece en La Habana el primer laboratorio histo-bacteriológico y antirrábico de América Latina.
➤ Se publica el libro de Raimundo Cabrera «Cuba y sus jueces».
➤ Gobernador y Capitán General de la Isla, Sabas Marín.
➤ La actriz francesa Sara Bernhardt actúa en el teatro «Tacón» de La Habana.
➤ Restauración de la orden franciscana en Cuba.
➤ Total de habitantes según el censo: 1,631,687: blancos, 1,102,889; de color, 528,798.

1888
➤ Obispo de La Habana, Manuel Santander Frutos (1888-99).

1889
➤ Inauguración del alumbrado eléctrico en Cárdenas, La Habana y Camagüey.
➤ Gobernador y Capitán General de la Isla, Manuel Salamanca.
➤ Arzobispo de Santiago de Cuba, José Cos Macho (1889-92).
➤ Benjamín Harrison, Presidente de los EE. UU.
➤ Se funda en París la II Internacional Socialista.

1890
➤ Los autonomistas logran reformas administrativas y legislativas para la Isla.
➤ Reforma arancelaria en los EE. UU. que afecta a Cuba.
➤ Inauguración de los teatros «Alhambra», en La Habana, y «Terry», en Cienfuegos.
➤ Gobernador de Cuba, José Chinchilla (abril), sustituido pronto por Camilo Polavieja (agosto).
➤ Maceo visita Cuba. Intento fracasado de un nuevo alzamiento en Oriente. Detenidos y deportados Maceo y Flor Crombet.
➤ Reaparece en La Habana el periódico «La Fraternidad», de Juan Gualberto Gómez.

1891
➤ Tratado de Reciprocidad entre España y los EE. UU.
➤ En España, gobierno de Sagasta.
➤ Se funda en La Habana la congregación religiosa del Apostolado del Sagrado Corazón, con fines educativos, y llegan a Cuba las religiosas Dominicas Francesas.

- El Papa León XIII promulga en Roma la encíclica «Rerum Novarum», que se publica un mes después en el «Diario de la Marina» de La Habana.

1892
- El 28 de enero muere en La Habana Felipe Poey.
- Del 17 al 19 de enero se celebra un Congreso Regional de Obreros con representación de la mayoría de las poblaciones de la Isla.
- Fundación del Partido Revolucionario Cubano. Martí es elegido su Delegado.
- Comienza a publicarse en Nueva York, el periódico «Patria», órgano del Partido Revolucionario Cubano. Fundador y director, José Martí.
- Juan Gualberto Gómez comienza a publicar en La Habana el bisemanal «La Igualdad» órgano del Directorio Central de Sociedades de Color.
- Capitán General, Alejandro Rodríguez Arias.
- Llegan a Cuba los Padres Pasionistas.

1893
- Martí logra de Antonio Maceo y Máximo Gómez, su incorporación a la guerra revolucionaria de Cuba.
- Planes de reforma política colonial del Ministro español de Ultramar, Antonio Maura, que no se aprueban.
- Capitán General, Emilio Calleja, que ocupa el cargo por segunda vez.
- Manuel Sanguily comienza a publicar en La Habana «Hojas Literarias».
- Muere Julián del Casal.
- Se termina de construir en La Habana el Acueducto de Albear.
- Stephen Grover Cleveland, Presidente de los EE. UU. por segunda vez. Política de neutralidad hacia Cuba.

1894
- Plan para invadir a Cuba con tres barcos, en el llamado «Plan de Fernandina» por la localidad costera de La Florida desde donde iban a zarpar. Fracaso por filtración de los detalles del plan.
- Formación del Partido Reformista español.
- Arzobispo de Santiago de Cuba, el franciscano Francisco Sáenz de Urturi (1894-99).
- Se establece en Cuba la congregación religiosa de las Hermanas de la Caridad del Sagrado Corazón.

- Se publica en La Habana el semanario satírico «La Política Cómica», con ilustraciones de su director, Ricardo Torriente, entre ellas la figura del personaje «Liborio» que representa al pueblo cubano.
- Presentación en La Habana del Kinetoscopio de Edison.

1895
- 24 de febrero: Grito de Baire. Inicio de la Guerra de Independencia con focos principalmente en varios lugares de las provincias orientales de la Isla, siguiendo las consignas del Partido Revolucionario Cubano desde la emigración. Suspensión en Cuba de las garantías Constitucionales.
- 21 de marzo: España envía a Cuba un refuerzo de 9,000 hombres.
- 25 de marzo: En territorio dominicano, José Martí y Máximo Gómez firman el Manifiesto de Montecristi donde se exponen las razones y los contenidos de la Revolución.
- 4 de abril: Manifiesto del Partido Liberal Autonomista, contrario a la guerra.
- El Capitán General ordena la clausura de las logias masónicas que son estrechamente vigiladas.
- 16 de abril: Arsenio Martínez Campos, Gobernador y Capitán General de la Isla.
- Abril: desembarcan en Cuba Antonio Maceo, José Martí y Máximo Gómez.
- 5 de mayo: reunión de los tres jefes de la Revolución en el ingenio «La mejorana» para tratar de la organización de la República en Armas y la invasión de las provincias occidentales.
- 19 de mayo: muerte de José Martí en acción de guerra en Dos Ríos.
- 23 de junio: Circular del obispo de La Habana, Manuel Santander y Frutos, disponiendo que «para prevenir los conflictos en que pudieran encontrarse los señores Curas Párrocos, con motivo de la funesta insurrección que aflige a esta Isla, si por la autoridad correspondiente se les pidieran las Iglesias, con el fin de convertirlas en fortalezas para defensa de los pueblos, como sucedió en otras ocasiones, venimos en autorizarles y les autorizamos para que, al tenerse temores de que eso pueda acontecer, consuman las sagradas Formas, trasladen á lugar seguro los santos Oleos y el agua de la pila bautismal y retiren del templo las imágenes sagradas, o las cubran si retirarlas no fuere posible, evitando con el mayor cuidado todo género de irreverencias». También autoriza trasladar los archivos a sitio seguro.

- El Generalísimo Máximo Gómez, en un Bando de fecha 1º de julio, anuncia la paralización de la próxima molienda de caña.
- 16 de septiembre: aprobación de la Constitución de Jimaguayú, que declara la separación de Cuba de la Monarquía española y su constitución como Estado libre e independiente con el nombre de República de Cuba.
- 10 de octubre: el obispo Santander hace pública una pastoral sobre la guerra, iniciada hace ocho meses, en la que califica así a los insurrectos: «Un genio maléfico parece haber encarnado en esos hombres que hacen el mal sin objeto definido, porque nadie sabe lo que se proponen, como no sea la ruina de esta rica porción de tierra española, y el exterminio de sus habitantes». Después juzga la guerra como castigo a los pecados y las infidelidades e incluye en ello inundaciones y huracanes que han sobrevenido, para lo que pide oraciones y limosnas.
- 22 de octubre: parte desde Mangos de Baraguá la columna invasora a las órdenes del General Antonio Maceo.

1896

- 23 de enero: tras noventa y dos días, las columnas de Maceo y Gómez culminan la invasión con la ocupación de Mantua, en Pinar del Río.
- Febrero: sustitución de Martínez Campos por Sabas Marín (enero) y Valeriano Weyler (febrero), como Gobernador y Jefe Militar de Cuba.
- En marzo, Sagasta declara que España está dispuesta a gastar hasta el último hombre y la última peseta en la guerra de Cuba.
- En abril, Tomás Estrada Palma se dirige al presidente de México, Porfirio Díaz, pidiéndole que promueva una acción colectiva de las naciones de América para negociar con España el reconocimiento de la independencia de Cuba. Respuesta negativa del presidente Díaz.
- 19 de mayo: El Boletín Eclesiástico del Obispado de La Habana publica una carta del Papa León XIII a la Reina Regente de España, en la que el Pontífice manifiesta la complacencia con que la Reina ha acogido «nuestra bendición a las tropas que marchaban a Cuba, y los votos que hacíamos por la prosperidad de la empresa que les está encomendada». Y reitera su deseo «de que el Señor haga prosperar las armas españolas en favor del trono y de esa católica nación».
- 16 de julio: Pastoral del Obispo de La Habana, Santander, dirigida «A los Sres. Jefes, Oficiales y Soldados de Nuestra Jurisdicción»,

en su carácter de Teniente Vicario General, Subdelegado Castrense del Ejército, en el que les dice: «Defendéis una causa justa, una causa santa, la causa del derecho contra la injusticia, de la civilización contra la barbarie. Vosotros defendéis aquí la vida, la propiedad, la familia y el honor de los mismos hijos de este país. Algún día se hará justicia a nuestra patria que es y ha sido siempre una madre cariñosa para sus colonias». Los invita a ser buenos cristianos, porque «si nuestro ejército ha llevado su bandera triunfante siempre por los ámbitos del mundo, ha sido debido a su fe religiosa».
- Clausura temporal del Seminario de La Habana.
- 30 de noviembre: Carta del Obispo de La Habana «Al clero y comunidades religiosas», en la que comienza diciendo que «la guerra es una calamidad pública», y, tras relacionar los beneficios que aportó la nación española en Cuba, por lo que tenía derecho a esperar reconocimiento y gratitud, «en vez de eso una guerra sangrienta, cruel, que se viene renovando periódicamente, es la protesta contra la colonización española. No se quiere que España reine aquí, pero como España es una nación digna, de gloriosísima historia, no consiente, no consentirá jamás que se la despida como se despide a un sirviente que no da gusto a sus amos». Pide después aportaciones para «Los gastos de la guerra», y para dar ejemplo dona quinientos pesos en plata.
- 7 de diciembre: muerte de Antonio Maceo y su ayudante Panchito Gómez Toro, hijo de Máximo Gómez, en San Pedro, provincia de La Habana.

1897
- 24 de enero: Primera proyección en La Habana del cinematógrafo Lumière.
- 4 de marzo: ocupa la presidencia de los EE. UU. William McKinley.
- 8 de agosto: en España es asesinado el Primer Ministro Cánovas del Castillo. Lo sustituye el 4 de octubre, Sagasta.
- El 4 de septiembre Calixto García ataca y toma Victoria de las Tunas.
- Weyler emprende una guerra de exterminio. Protestas internacionales. El 31 de octubre Weyler es relevado por Ramón Blanco. Nueva política española en Cuba para el logro de la paz y la conciliación con los EE. UU.
- Real Decreto del 25 de noviembre por el que se declara autónoma la Isla de Cuba.

- La Asamblea de La Yaya aprueba el 26 de octubre una moción rechazando la autonomía.
- 29 de octubre: se aprueba la constitución de La Yaya.
- El Gobierno de Madrid concede el 6 de noviembre una amplia amnistía a los presos políticos de Cuba y Puerto Rico. Máximo Gómez da un Bando por el que anuncia que serán sometidos a Consejo de Guerra, bajo pena de muerte, «todo comandante u oficial del Ejército libertador de Cuba que se acogiese a la amnistía».

1898
- Aparece el semanario político «El Reconcentrado» que combate los desmanes de los voluntarios.
- 1 de enero: comienza a ejercer sus funciones el Gobierno autónomo de Cuba presidido por D. José María Gálvez, jefe del partido autonomista.
- Se organizan el 12 de enero en La Habana manifestaciones de los sectores integristas con vivas a Weyler y mueras a la autonomía; es atacado el periódico «El Reconcentrado». Se utilizan tropas para reprimir los desórdenes y el cónsul norteamericano en La Habana Fitzhugh Lee, pide a su gobierno el envío de un barco de guerra.
- El 14 de febrero nace en Sagua la Grande Jorge Mañach.
- 15 de febrero: voladura del acorazado «Maine» en la bahía de La Habana, a donde había llegado el 25 de enero.
- Alemania propone la intervención del Papa León XIII para arbitrar en el conflicto de Cuba a favor de la paz sobre la base de la independencia de la Isla o por lo menos el cese de las hostilidades por parte de España; fracasada la mediación, el Papa da por terminadas sus gestiones el 16 de abril.
- 9 de abril: El gobierno autónomo pide a McKinley la no intervención en Cuba.
- 18 de abril: Resolución Conjunta del Congreso de los EE. UU.: «El pueblo de Cuba es y de hecho debe ser libre e independiente (…) El Gobierno de los EE. UU….exige que el Gobierno de España renuncie inmediatamente su autoridad y gobierno en la isla de Cuba y retire del territorio de ésta y de sus aguas, sus fuerzas militares y navales (…) Los Estados Unidos no tienen la intención ni el deseo de ejercitar en Cuba soberanía o dominio». Autoriza al Presidente a «usar en su totalidad las fuerzas militares y navales de los EE. UU… para llevar a efecto esta Resolución».
- 21 de abril: ultimátum norteamericano a España para la pacificación de Cuba. Declaración de guerra.

- 22 de abril: bloqueo por la flota norteamericana de los principales puertos de la costa norte de Cuba y de Cienfuegos.
- 22 de abril: el Obispo de La Habana dispone por una circular que los capellanes castrenses ocupen sus puestos cuando suene la alarma de ataque a la plaza.
- 2 de mayo: Pastoral del obispo de La Habana, Manuel Santander, dirigida «a los señores Jefes, oficiales y soldados de los Ejércitos de mar y tierra», diciendo: «España ha sido ultrajada en su honor por una nación que, diciéndose amiga, ha cometido con ella la más vil de las felonías y traiciones. La necesidad de volver por su honra la obliga a defenderse. Dios mismo quiere que miremos por nuestro honor. La guerra, pues, es justa, muy justa, no ya sólo para defender nuestro derecho, sino para castigar y tener siempre a raya la audacia y la soberbia de ese pueblo que tanto ha abusado de nuestra generosidad». «El que siembre la desconfianza es un traidor; el que trate de desanimarnos es un agente de nuestros contrarios. Animo, pues, hijos míos; el Dios de los ejércitos y la Virgen de las Victorias premiarán vuestros sacrificios y desvelos».
- 20 de junio: desembarco de tropas norteamericanas en la costa sur de la provincia de Oriente.
- 24 de junio: Cada miembro del clero católico de Santiago de Cuba recibe un fusil Remington y 100 cápsulas con el objeto de que sean utilizados para la defensa de la ciudad.
- Pastoral del arzobispo de Santiago de Cuba, Francisco Sáenz de Urturi, en contra de la intervención norteamericana en la guerra hispano-cubana.
- 1 de julio: combate en El Caney y la loma de San Juan de Santiago de Cuba entre tropas españolas y cubano-norteamericanas. Derrota española.
- 3 de julio: combate naval en la bahía de Santiago de Cuba; destrucción de la escuadra española al mando del almirante Pascual Cervera por acorazados norteamericanos.
- 4 de julio: telegrama del arzobispo de Santiago de Cuba, Sáenz de Urturi, al Capitán General de La Habana, sugiriendo la capitulación de la plaza. Respuesta del general Blanco: «Imposible capitular. Antes morir».
- 22 de julio: Pastoral del Obispo de La Habana en la que fundamenta ampliamente la licitud de la guerra «que sostiene nuestra amadísima Patria, la noble, la heróica España con los Estados Unidos», usando argumentos basados en la Sagrada Escritura, la vida de los santos, la historia y el derecho. También se refiere «a la escasez de recursos y de víveres para el consumo que se padece

hoy día en esta Isla», por la que hay obligación de socorrer al prójimo necesitado, dando no sólo lo superfluo sino hasta lo necesario.
- 16 de julio: capitulación de las fuerzas españolas de la plaza de Santiago de Cuba y su Territorio Militar, ante las fuerzas intervencionistas norteamericanas. Concluye la guerra hispano-cubana-norteamericana.
- 12 de agosto: se firma en la Casa Blanca de Washington, en presencia del Presidente McKinley, el Protocolo de Paz, por el Secretario de Estado de la Unión, William H. Day y el Embajador de Francia en los EE. UU. Jules Cambon por mandato del gobierno español, que prescribe la suspensión de hostilidades, la renuncia de España a la soberanía y derechos sobre Cuba y la evacuación de los territorios.
- 8 de septiembre: se celebra en el santuario de la Virgen de la Caridad, en El Cobre, «la primera fiesta religiosa en Cuba libre e independiente». Asisten oficiales del ejército cubano y norteamericano. El sermón lo pronuncia el cubano P. Desiderio Mesnier, sobre el tema: «El pueblo cristiano tiene en María una corredentora, los cubanos tienen en la Virgen de la Caridad una Madre que les enseñará a consolidar una República cristiana».
- 20 de septiembre: manifiesto del clero cubano nativo en el que proponen que la Santa Sede designe «dos delegados para que a su nombre y representación, rijan y administren la Iglesia católica cubana», porque «a ningún Estado políticamente considerado le conviene establecimientos de Iglesias que no sean nacionales».
- 10 de octubre: El presbítero cubano Desiderio Mesnier participa como orador en un acto celebrado en el club «San Carlos» de Santiago de Cuba, junto a los patriotas Urbano Sánchez Hechavarría, Enrique Trujillo y M. Portuondo Barceló, para conmemorar el alzamiento de La Demajagua en 1868.
- 20 de octubre: Orden General del Comandante de la provincia de Santiago de Cuba, Leonard Wood, que «hará las veces de una Constitución Provisional».
- En Carta Pastoral del 24 de octubre, el obispo de La Habana, Santander y Frutos, dice: «No temamos a los cubanos, que no vienen a hacer una revolución religiosa, sino política... ¿En sus programas de gobierno, en sus proclamas han dicho alguna vez que venían a hacer la guerra al catolicismo? Nunca. Al contrario, durante la sangrienta lucha que ha terminado ya, gracias a Dios, no ha habido que lamentar ataque alguno a los ministros de la

religión; lejos de eso se les ha tratado con respeto por las fuerzas rebeldes:.
- 7 de diciembre: al cumplirse el 2º aniversario de la muerte de Antonio Maceo, se celebra en la Catedral de Santiago de Cuba un funeral solemne en el que pronuncia la oración fúnebre el P. Francisco de Paula Barnada.
- 10 de diciembre: se firma en París el Tratado entre España y los Estados Unidos, en el que se estipula que «España renuncia a todo derecho de soberanía y propiedad sobre Cuba», y que «cuando sea evacuada por España, va a ser ocupada por los Estados Unidos». El artículo X prescribe que «los habitantes de los territorios cuya soberanía España renuncia o cede, tendrán asegurado el libre ejercicio de su religión». Asiste al acto como observador de la Santa Sede, Mons. Plácido La Chapelle, nombrado Delegado apostólico para Cuba, Puerto Rico y Filipinas.
- 11 de diciembre: Muere en Washington, inesperadamente, el General Calixto García, durante la visita de una Comisión cubana que va a tratar del licenciamiento del ejército.
- Llegan a Cuba los primeros misioneros protestantes, los metodistas.

1899
- 16 de enero: El Presidente de los EE. UU., McKinley, nombra Gobernador de Cuba al General John Brooke.
- Marzo: Máximo Gómez es depuesto como General en Jefe del Ejército Libertador por la Asamblea de Representantes reunida en El Cerro.
- Marzo: Surge el Partido Socialista Cubano de Diego Vicente Tejera.
- Se organizan los primeros partidos políticos y se disuelven los antiguos, entre ellos el Partido Revolucionario Cubano fundado por Martí.
- 2 de abril: dimite el arzobispo de Santiago de Cuba, Francisco Sáenz de Urturi.
- El General Brooke informa a una comisión masónica que pueden, sin temor, abrir su logias.
- 12 de mayo: el Gobernador norteamericano dicta una Orden que da competencia exclusiva a los tribunales civiles para conocer de los juicios de divorcio y nulidad de matrimonios.
- 29 de junio: el Papa León XIII nombra arzobispo de Santiago de Cuba al sacerdote cubano Franciso de Paula Barnada Aguilar. Es

el primer nombramiento episcopal que hace la Santa Sede sin la mediación del Patronato Regio español.
- Llega a Cuba el Delegado Apostólico para Cuba, Puerto Rico y Filipinas, Mons. Plácido La Chapelle.
- 13 de diciembre: El Gobernador norteamericano Brooke es relevado por Leonard Wood.
- 20 de diciembre: se celebra en el Palacio de los Capitanes Generales de la Plaza de Armas de La Habana, el cambio de banderas y la transmisión de poderes, en el que representa a España el último gobernador español, Adolfo Jiménez Castellanos y a los EE. UU. John R. Brooke.
- El coronel Hugo L. Scott, Jefe del Estado Mayor del Gobierno Interventor, manifiesta su deseo de hacerse masón y es admitido en la Gran Logia de la Isla de Cuba, lo que se interpreta como una definitiva libertad para los masones.
- Llegan a la Isla misioneros presbiterianos, bautistas y episcopales.
- El censo arroja una cifra de población de 1,572,797 habitantes.

6 SIGLO XX

Fin del Gobierno de ocupación

Fundación de la República

Primer período constitucional

Gobierno dictatorial de Machado

Segundo período constitucional

Etapa pre-revolucionaria: golpe de estado de Batista

Primer período revolucionario

Fracaso de la zafra de los 10 millones

Año del esfuerzo decisivo

Período especial

Visita del Papa Juan Pablo II

Navidad, fiesta nacional

Ley de Protección de la Independencia Nacional

«La Patria es de todos»

IX Cumbre Iberoamericana en La Habana

1900
- Nombramiento del italiano Donato Sbarreti Tazza como Obispo de La Habana.
- Abril: Se convocan las primeras elecciones de la República, las municipales, para elegir alcaldes, tesoreros y jueces.
- 15 de julio: 17 sacerdotes cubanos se dirigen al Papa León XIII pidiéndole que sustituya al obispo Sbarreti poor un sacerdote cubano.
- 25 de julio: Orden Militar del Gobierno de intervención convocando elecciones para la Asamblea Constituyente, en noviembre. Se elegirán 31 delegados.
- 8 de agosto: Orden Militar que modifica la anterior de Brooke, estableciendo que el matrimonio puede ser legalmente civil o religioso.
- Noviembre: El Partido Socialista Cubano se convierte en Partido Popular.
- 5 de noviembre: inicia sus trabajos en el teatro «Irijoa» de La Habana, la Asamblea Constituyente para dotar de su Carta Fundamental a la nueva República.

1901
- 24 de enero: primer dabate de la Convención Constituyente sobre el Preámbulo del texto constitucional que incluye una invocación a Dios. A pesar de las impugnaciones se aprueba el texto íntegramente; por él los convencionales acuerdan iniciar la Constitución «invocando el favor de Dios».
- 21 de febrero: queda adoptado el texto constitucional que en el artículo 26 prescribe la libertad religiosa y la separación de la Iglesia y el Estado, «el cual no podrá subvencionar en caso alguno ningún culto».
- 12 de junio: tras largos debates y gestiones con el Gobierno de los EE. UU., los convencionales se ven obligados a adicionar un Apéndice en el que se consiente la intervención de los EE. UU. en Cuba por razones de seguridad, así como hacer a ese país algunas concesiones territoriales con fines estratégicos y omitir de los límites de Cuba la Isla de Pinos.
- Asesinato del Presidente de los EE. UU. W. McKinley. Lo sustituye el Vice Presidente Teodoro Roosevelt.
- 14 de diciembre: Orden Militar del Gobierno intervertor convocando elecciones para Presidente de la República el 31 de diciembre. Candidatos: Máximo Gómez, Tomás Estrada Palma y Bartolomé Masó.

- Es elegido primer Presidente Constitucional de Cuba Tomás Estrada Palma.
- El Partido Popular es ahora Partido Popular Obrero.
- Aparece el diario «El Mundo», fundado y dirigido por Rafael Govín.

1902
- El 2 de enero suscriben un documento el Delegado Apostólico, el gobernador norteamericano Leonard Wood, el arzobispo de Santiago de Cuba y el obispo de La Habana, por el que el gobierno interventor reconoce el derecho de la Iglesia católica a ser indemnizada económicamente por las propiedades que se había incautado el gobierno español el siglo anterior.
- Dimite el obispo de La Habana, Mons. Donato Sbarreti.
- Termina la intervención norteamericana en Cuba. Se realiza el cambio de poderes entre el Gen. Leonard Wood y el primer Presidente de la República de Cuba, Tomás Estrada Palma, el 20 de mayo.

1903
- Traslado de la Universidad a la loma de la antigüa Pirotecnia Militar.
- Comienza a reinar en España Alfonso XIII.
- Se funda el Ateneo de La Habana.
- Tratado de Reciprocidad Comercial entre Cuba y los EE. UU.
- En febrero, el Papa León XIII crea las diócesis de Pinar del Río y Cienfuegos, con iguales límites que las provincias civiles de Pinar del Río y Santa Clara.
- Es elegido Papa Pío X.
- En octubre, el Delegado Apostólico La Chapelle ordena en la Catedral de La Habana a tres nuevos opispos: los cubanos Pedro González Estrada y Braulio Orúe Vivanco, para regir respectivamente las diócesis de La Habana y Pinar del Río, y el norteamericano Buenaventura Broderick como Auxiliar de La Habana.
- Independencia de Panamá, desmembrada de Colombia con fines estratégicos.
- En una entrevista de Mons. Chapelle con el Presidente Estrada Palma, éste muestra su disgusto por el nombramiento de un norteamericano como obispo Auxiliar de La Habana.
- Los EE. UU. ocupan en Guantánamo los terrenos cedidos para una base naval.
- Se crea el Partido Liberal Nacional.

- Juan Gualberto Gómez funda el diario «La República Cubana».

1904
- Teodoro Roosevelt es elegido Presidente de los EE. UU.
- Es ordenado obispo en el mes de mayo para regir la nueva diócesis de Cienfuegos, el fraile carmelita cubano Aurelio Torres y Sanz.
- Muere el primer obispo de Pinar del Río Braulio Orúe.
- Carlos Baliño funda el Partido Obrero Socialista.
- Se funda el Partido Moderado.

1905
- Reapertura del Seminario de La Habana.
- Muere víctima de la fiebre amarilla el Delegado Apostólico Plácido de La Chapelle. Para sustituirlo es nombrado Mons. José Aversa.
- Dimite el Obispo Auxiliar de La Habana Buenaventura Broderick, que se retira a EE. UU.
- Muere en La Habana el General Máximo Gómez.
- Se inaugura en La Habana el primer local de la Y.M.C.A. (Asociación de Jóvenes Cristianos) de inspiración protestante.
- La Junta Superior de Sanidad declara extinguido el último brote de fiebre amarilla en La Habana, con la aplicación del método profiláctico del Dr. Carlos J. Finlay.

1906
- Insurrección liberal contra Estrada Palma que ha sido reelegido Presidente de la República para un segundo período.
- Segunda intervención norteamericana pedida por el Presidente Estrada Palma. Teodoro Roosevelt nombra Gobernador de Cuba a William H. Taft (septiembre) sustituido enseguida por Charles E. Magoon (octubre).
- Se establece, principalmente por norteamericanos, la «United Hebrew Congregation», que funda el primer cementerio judío en Guanabacoa.

1907
- El Delegado Apostólico Aversa ordena en la Catedral de Cienfuegos a Manuel Ruiz Rodríguez como segundo obispo de Pinar del Río.
- Censo de población: 2,048,980 habitantes.
- Se publica en Madrid el libro «Los negros brujos», de Fernando Ortiz, estudio etnológico sobre los negros de Cuba.

1908
- Gestiones para una nueva indemnización económica a la Iglesia católica por bienes incautados durante la dominación española, que el Gobernador Magoon autoriza por más de un millón de dólares.
- El Papa Pío X concede a Charles E. Magoon la condecoración de la Orden de San Gregorio el Magno.
- Por primera vez se utiliza un conjunto de «chambelona» en la propaganda electoral de José Miguel Gómez.
- Fallece Tomás Estrada Palma.

1909
- Se crea el Partido Independiente de Color.
- Se funda en la iglesia habanera del Santo Cristo del Buen Viaje, el primer Consejo en la Isla de la Orden de Caballeros de Colón, la primera asociación católica de carácter laical.
- Termina la segunda intervención norteamericana. Gobierno del Presidente José Miguel Gómez.

1910
- Los padres franciscanos comienzan a publicar en junio la revista «San Antonio», con el fin de «propagar la buena doctrina, hacer catolicismo en un ambiente bien necesitado de ello y defenderlo contra sus impugnadores».
- Inicio de la Revolución mexicana.
- Fundación de la Academia Nacional de Artes y Letras.

1911
- Por gestiones del Dr. Diego Tamayo llegan a Cuba el 7 de noviembre, desde San Agustín, Florida, los restos del sacerdote y patriota cubano Félix Varela Morales que son inhumados en el Aula Magna de la Universidad de La Habana. Expuestos en la Catedral para las honras fúnebres, la Iglesia, por boca del canónigo Manuel Espinosa, expresa que entrega contrariada esos restos que le pertenecen y protesta de que no reposen en tierra sagrada.
- El Ayuntamiento de La Habana decide cambiar el nombre de la calzada de Belascoain por el de «Padre Varela».
- En México, derrocamiento del Presidente Porfirio Díaz, por los revolucionarios.

1912
- Insurrección de los negros contra la ilegalización del Partido Independiente de Color.

- En las elecciones municipales de noviembre, en Camagüey, el P. Manuel Arteaga Betancourt es elegido concejal por el Partido Conservador.
- El Papa Pío X erige en diciembre las diócesis de Camagüey y Matanzas, con lo que quedan establecidas tantas circunscripciones eclesiásticas como provincias civiles y con los mismos límites.
- Thomas W. Wilson, Presidente de los EE. UU.

1913
- Presidencia de Mario García Menocal.
- En junio fallece el arzobispo de Santiago de Cuba, Mons. Francisco Barnada.
- Es designado en noviembre como nuevo Delegado Apostólico el dominicano Adolfo Nouel Bobadilla.
- Toma posesión de la diócesis de Matanzas, en noviembre, su primer obispo, el norteamericano Carlos Warren Currier, que ha sido consagrado en Roma.
- Se prohibe por el gobierno la salida de las comparsas de negros.
- Aparece en La Habana la revista «Cuba contemporanea"
- Comienza una numerosa emigración de braceros haitianos.

1914
- Inicio de la I Guerra mundial.
- En noviembre recibe la ordenación episcopal en Camagüey, como obispo de aquella nueva diócesis, el carmelita vasco Valentín Zubizarreta.
- Es elegido Papa Benedicto XV.
- Dimite el obispo de Matanzas, Warren Currier.
- Ley de Defensa Nacional disponiendo la acuñación de moneda cubana.
- Comienza la persecución religiosa en México.
- El 15 de agosto se inaugura el Canal de Panamá.

1915
- Inicio del período inflacionista llamado «La danza de los millones».
- Llega a La Habana el nuevo Delegado Apostólico Tito Trochi.
- Es consagrado nuevo obispo de Matanzas el cubano Severiano Sainz Bencomo.
- Dos mil veteranos de la Guerra de Independencia piden al Papa Benedicto XV que declare a la Virgen de la Caridad del Cobre como Patrona de Cuba.

- Toma posesión como Provisor y Vicario General del Obispado de La Habana el presbítero Manuel Arteaga Betancourt.
- Muere en La Habana el Dr. Carlos J. Finlay.

1916
- El prelado italiano Ambrosio Guerra es elegido obispo de Santiago de Cuba.
- El Papa Benedicto XV declara Patrona de Cuba a la Virgen de la Caridad del Cobre.
- Los sefardíes fundan la «Union Israelita Chevet Ajim», que establece una sinagoga y un colegio en La Habana.

1917
- El Presidente de los EE. UU. Wilson es reelegido.
- Ocupación militar norteamericana en República Dominicana.
- Revolución de «La chambelona» contra el Presidente Menocal que ha sido reelegido para un segundo período. Intervención del Embajador norteamericano Crowder. Tropas norteamericanas desembarcan en Oriente y Camagüey.
- El 6 de abril los EE. UU. declaran la guerra a Alemania.
- El gobierno cubano declara la guerra a Alemania el 7 de abril, «por los pactos y obligaciones» que unen a Cuba con los EE. UU. El 16 de noviembre declara también la guerra al Imperio Austro-Húngaro, aliado del Alemán.

1918
- Final de la I Guerra mundial.
- Se aprueban las leyes del divorcio y del servicio militar obligatorio.
- Las feministas reclaman el derecho del voto para la mujer.

1919
- Se funda en La Habana la Asociación de Católicas Cubanas, para la formación católica de la mujer cubana y estimular su presencia en la sociedad cubana.
- Derogación de la Ley del Servicio Militar Obligatorio y aumento de sueldo a las Fuerzas Armadas.
- Con ocasión del IV centenario de la fundación de La Habana, se celebra en la capital, del 2 al 17 de noviembre, un Congreso Eucarístico diocesano, durante el que tienen lugar sesiones de estudio sobre el hogar, el trabajo y el apostolado cristianos, centrados en la mujer.

➤ Se crea en Petrogrado la III Internacional Comunista que funda el «Buró del Caribe».

1920
➤ En abril se celebra en La Habana un Congreso Nacional Obrero.
➤ Fundación de la Asociación de Jóvenes Católicos, por el sacerdote escolapio Manuel Serra.
➤ Final de la «danza de los millones» e inicio de la crisis económica llamada de «las vacas flacas».
➤ Warren G. Harding Presidente de los EE. UU.
➤ Los países signatarios del Pacto de Versalles crean la Sociedad de las Naciones en Ginebra.
➤ Sufragio femenino en EE. UU.
➤ El novelista Carlos Loveira publica «Generales y doctores».

1921
➤ Presidencia de Alfredo Zayas.
➤ Es designado nuevo Delegado Apostólico Mons. Pietro Benedetti.
➤ Se constituye la «Federación de Católicos de la Diócesis de La Habana, «con el objetivo de unificar e intensificar la unión de las fuerzas católicas de la diócesis en el orden religioso, moral, educacional, económico y social».
➤ El Presidente Zayas inaugura la primera emisora de radio.
➤ 18 de agosto: Por decreto presidencial se designa la delegación cubana a la Asamblea de la Sociedad de Naciones que está compuesta por Cosme de la Torriente, Arístides Agüero, Guillermo de Blank y Miguel Angel Campa.

1922
➤ El sacerdote dominico Francisco Vázquez y el jurista Mariano Aramburo fundan la Academia Católica de Ciencias Sociales.
➤ Fundación de la Federación Estudiantil Universitaria (FEU).
➤ El obispo de Camagüey, Mons. Zubizarreta, es trasladado a Cienfuegos y se nombra para Camagüey a Enrique Pérez Serantes, que toma posesión en septiembre.
➤ Los PP. Paúles de la iglesia de La Merced, en La Habana, inician la publicación de la revista «La Milagrosa».
➤ Es elegido Papa Pío XI.
➤ Benito Mussolini asciende al poder como «Duce» en Italia.

1923
➤ Movimiento insurreccional de la Asociación de Veteranos y Patriotas.

➻ Se funda la «Liga anticlerical», con la colaboración de Julio Antonio Mella, líder estudiantil comunista, y de la anarquista española Belén de Sárraga, para combatir el «oscurantismo religioso en todas sus formas» y predicar «el ateísmo y el pensamiento científico y materialista».
➻ «Protesta de los 13" durante un acto de la Academia de Ciencias, promovido por jóvenes intelectuales que fundan el «Grupo minorista».
➻ Se celebra en octubre, en la Universidad de La Habana, el primer Congreso Nacional de Estudiantes, al que concurre una representación numerosa de alumnos de los colegios católicos. Se presenta una moción que constituye un ataque a la educación católica y el Congreso hace crisis por la fuerte oposición de los católicos. La moción es rechazada.
➻ Apertura en La Habana de la Universidad Popular José Martí, de orientación comunista.
➻ Muere el Presidente de los EE. UU. Harding. Lo sustituye Calvin Coolidge.
➻ En España, dictadura de Miguel Primo de Rivera.

1924
➻ Dimiten el arzobispo de Santiago de Cuba, Mons. Guerra, y el obispo de La Habana, Mons. González Estrada.
➻ Muerte de Vladimir I. Lenin. José Stalin lo sucede en la jefatura del Partido Comunista de la Unión Soviética.

1925
➻ Con fecha 6 de enero, el Papa Pío XI eleva la diócesis de La Habana a archidiócesis.
➻ En marzo se nombra primer arzobispo de La Habana a Mons. Manuel Ruiz Rodríguez, que sigue siendo Administrador Apostólico de Pinar del Río.
➻ Es nombrado en marzo Arzobispo de Santiago de Cuba Mons. Valentín Zubizarreta, con lo que queda vacante la diócesis de Cienfuegos.
➻ Es ratificado por el Senado norteamericano el Tratado Hay-Quesada (1904) por el cual la Isla de Pinos pasa definitivamente a formar parte del territorio cubano.
➻ El 20 de mayo se inicia el mandato presidencial de Gerardo Machado y Morales.
➻ El 16 de agosto se funda el Partido Comunista de Cuba.

- Se constituye en agosto la Confederación Nacional Obrera de Cuba.
- Fundación en La Habana de las Damas Isabelinas, rama femenina de la Orden de Caballeros de Colón.
- Se celebra en La Habana el 2º Congreso de Mujeres, con una nutrida presencia activa de mujeres católicas.

1926
- Llega a La Habana el nuevo Delegado Apostólico, Mons. Jorge Caruana.
- El 31 de mayo, acto de investidura del Presidente Machado de Doctor en Derecho «Honoris causa» por la Universidad de La Habana. Ocupa un lugar en la presidencia del acto el arzobispo de La Habana, Manuel Ruiz Rodríguez.

1927
- Se establece el Club Católico Universitario con el fin de realizar una labor de presencia cristiana en la Universidad de La Habana.
- Fundación del Directorio Estudiantil Universitario, de proyección fundamentalmente política.
- Comienza a publicarse la «Revista de Avance» editada por miembros del «Grupo minorista» con un intento renovador de la vida cultural cubana.
- Se concede a la mujer el derecho del sufragio.
- Prórroga de poderes del Presidente Machado. Protesta estudiantil.
- Ocupación militar de la Universidad.
- Inauguración del actual Santuario de la Virgen de la Caridad en El Cobre.
- Levantamiento de los «cristeros» en México.

1928
- El 11 de febrero se funda en La Habana, en el Colegio De La Salle del Vedado, la Federación de la Juventud Católica Cubana, formada por quince asociaciones de antiguos alumnos de los colegios católicos habaneros y el Club Católico Universitario.
- El Presidente Coolidge asiste en La Habana a la V Conferencia Panamericana.
- Herbert Clark Hoover es elegido Presidente de los EE. UU.
- Se constituye la Liga Juvenil Comunista de Cuba.
- Se funda la Escuela Bíblica «Los Pinos Nuevos», que da lugar a la primera denominación protestante autóctona.

1929
- En el mes de enero, en la ciudad villareña de Sagua la Grande, se funda la Asociación de Caballeros Católicos de Cuba, que pretende congregar a los hombres católicos para la promoción de actividades cívico-religiosas.
- En junio se celebra en La Habana el Congreso Evangélico Hispanoamericano.
- Crisis económica mundial.
- Por el Tratado de Letrán, entre el Papa Pío XI y Mussolini, se crea el Estado Vaticano.
- Son impuestas a Machado las insignias masónicas del grado 33, la más alta distinción masónica.

1930
- Es asesinado en México el líder comunista cubano Julio Antonio Mella.
- El gobierno impone censura previa a los principales periódicos de La Habana.
- Muerte del estudiante Rafael Trejo durante una manifestación estudiantil contra Machado. Clausura de la Universidad.
- Fundación del Directorio Estudiantil Universitario «de 1930», que publica en octubre un programa mínimo.
- Aumentan las «tánganas» universitarias.

1931
- Alzamiento de Río Verde (P. del Río) y desembarco en Gibara, para combatir a Machado.
- Surge el Ala Izquierda Estudiantil, como una escisión del DEU
- Encíclica del Papa Pío XI «Non abbiamo bisogno» denunciando los abusos del fascismo, que tuvo que ser publicada en Francia.
- Se forma la organización ABC.
- Publicación en Roma de la encíclica «Quadragesimo Anno» del Papa Pío XI.
- Se funda la Agrupación Católica Universitaria, con el fin de formar cristianamente a una porción selecta de universitarios «destinados a ejercer una influencia rectora sobre el futuro de Cuba».
- Proclamación en España de la 2ª República
- Resultado del censo: 3,963,344 habitantes.
- Se inaugura la Carretera Central con 1143 Km. a lo largo de toda la Isla.

1932
- Franklin D. Roosevelt, es elegido Presidente de EE. UU.
- Recrudecimiento de la lucha contra el Presidente Machado y de su represión por la fuerza pública. Intervención mediadora del Embajador norteamericano Summer Welles
- Se inician las emisiones bisemanales de la Universidad del Aire por la estación de radio CMBZ.

1933
- Huelga general contra Machado.
- El 12 de agosto termina un trágico segundo período presidencial del Presidente Machado, de carácter dictatorial, con su huída del país.
- Efímeros gobiernos de Céspedes y la Pentarquía. «Revolución de los sargentos» apoyada por el Directorio Estudiantil Universitario. Fulgencio Batista asume la jefatura de las Fuerzas Armadas.
- Se celebra un Congreso de Asociaciones Católicas para llegar a una unión y colaboración entre ellas, que no se logra aunque sí aflora la exigencia de trabajar unidas.
- En septiembre se inicia la presidencia de Ramón Grau San Martín, con un programa «revolucionario» de contenido social. A título personal, el Vicario General de La Habana, Manuel Arteaga, entrega al nuevo Presidente una colección de encíclicas sociales.
- Conato de intervención norteamericana con barcos de guerra norteamericanos en la bahía de La Habana.
- Reapertura de la Universidad.
- Se aprueba la autonomía universitaria.
- Muere el filósofo y patriota Enrique José Varona.

1934
- Fugaz período presidencial (cuatro días) de Carlos Hevia.
- Presidencia de Carlos Mendieta. Supresión de la Enmienda Platt.
- Aparece el diario «Acción» del partido ABC.
- Antonio Guiteras funda la organización «Joven Cuba».
- El 17 de junio, marcha masiva del ABC en La Habana, a la que se enfrentan los comunistas: 14 muertos y muchos heridos.
- Muere en La Habana el luchador comunista Rubén Martínez Villena.
- Fundación del Partido Revolucionario Cubano (Auténtico).
- Hitler, Führer en Alemania

1935
- Bajo la presidencia de Carlos Mendieta Montefur, se inician las relaciones diplomáticas entre Cuba y la Santa Sede el 7 de junio, con un Decreto presidencial donde, en uno de los «por cuantos», se señala que «aun cuando en Cuba no existe hoy religión de estado, es un hecho notorio que una crecida parte de su población es católica, y que siente, por lo tanto, la necesidad de regular diferentes asuntos que afectan al orden espiritual y temporal». Por el mismo decreto se crea una Delegación cubana en la Ciudad del Vaticano con un embajador y ministro plenipotenciario ante la Santa Sede.
- Condecoración de la Orden de Carlos M. de Céspedes al Hno. León, D.L.S. por sus trabajos científicos sobre la flora cubana.
- Con fecha 15 de septiembre se nombra a Mons. Jorge Caruana, que era Delegado Apostólico, primer Nuncio Apostólico en Cuba.
- Huelga general convocada por los estudiantes universitarios. Ocupación militar de la Universidad. Queda sin efecto la autonomía.
- Instauración de la pena de muerte.
- El 8 de marzo muere asesinado en El Morrillo Antonio Guiteras.
- En octubre es designado obispo de Cienfuegos el cubano Eduardo Martínez Dalmau.
- Presidencia de José A. Barnet.

1936
- Se nombra en marzo Legado de Cuba ante la Santa Sede a René Morales Valcárcel, y en julio a Nicolás Rivero Alonso.
- Breve Presidencia de Miguel Mariano Gómez. Es reemplazado por Federico Laredo Bru.
- Sublevación militar en España contra la 2ª República. Inicio de la Guerra Civil.
- Coronación canónica de la Virgen de la Caridad del Cobre en Santiago de Cuba.
- Reinicio de las clases en la Universidad de La Habana.
- Roosevelt es reelegido Presidente de los EE. UU.

1937
- En marzo muere el obispo de Matanzas Severino Sainz Bencomo.
- El Partido Comunista funda la frentepopulista Unión Revolucionaria, dirigida por Juan Marinello.
- Por la Ley Docente del 9 de enero la Universidad recobra su Autonomía.

↠ El Papa Pío XI promulga en Roma las encíclicas «Mit Brennender Sorge» (condenando el nazismo) y «Divini Redemptoris» (condenando el comunismo).

1938
↠ Es designado obispo de Matanzas el sacerdote habanero Alberto Martín Villaverde.
↠ La revista de los PP. Franciscanos «San Antonio» se convierte en «Semanario Católico».
↠ Legalización del Partido Comunista de Cuba, que inicia la publicación del diario «Hoy».

1939
↠ A fines de enero fundación de la Confederación de Trabajadores de Cuba (CTC).
↠ Es elegido Papa Pío XII.
↠ Fundación de la Casa Cultural de Católicas por las Damas Isabelinas.
↠ Se funda en Cienfuegos la Asociación de Maestras Católicas de Cuba.
↠ Celebración en La Habana de un Congreso feminista con la ausencia de las asociaciones católicas femeninas por desacuerdo con los planteamientos de base.
↠ Triunfo de la sublevación militar en España que se ha definido como «cruzada» anticomunista. El General Francisco Franco asume el poder. Fin de la Guerra Civil.
↠ Estalla la II Guerra mundial.
↠ El 15 de noviembre se celebran elecciones para integrar la Asamblea Constituyente que debe aprobar una nueva Constitución para Cuba. Se eligen 81 delegados de nueve partidos agrupados en dos coaliciones. Es elegido el católico Manuel Dorta Duque.

1940
↠ Muere en enero el primer arzobispo de La Habana, Manuel Ruiz Rodríguez que era también administrador Apostólico de Pinar del Río. Se nombra Vicario Capitular a Mons. Manuel Arteaga.
↠ Los obispos dirigen el 6 de febrero una «Exposición del Episcopado cubano a los señores delegados a la Asamblea Constituyente», en la que piden que se incluya en la nueva Carta Magna: la libertad de enseñanza; enseñanza obligatoria de la Religión en las escuelas públicas respetando la libertad de conciencia de quienes no la deseen; protección a la institución del matrimonio; que el matri-

monio religioso tenga fuerza legal a efectos civiles; la armónica comprensión del capital y el trabajo.
- La Asamblea Constituyente inicia sus deliberaciones el 9 de febrero. Se debate el dictamen del preámbulo que incluye una invocación al favor de Dios. Los delegados comunistas proponen una enmienda suprimiéndola y es rechazada por gran mayoría, aprobándose el dictamen con la invocación.
- Segunda reelección de Roosevelt como Presidente de los EE. UU.
- Las asociaciones católicas laicales inician una campaña de «Afirmación católica» por iniciativa de los Caballeros de Colón a la que se suman los Caballeros Católicos, la Federación de la Juventud Católica y la Agrupación Católica Universitaria. Mediante mítines radiofónicos y actos en todas las provincias se dan a conocer las pretensiones de los católicos sobre el contenido de la Carta Fundamental.
- Se celebra el 24 de febrero un acto de «Afirmación católica» en el teatro «Nacional» de La Habana al que asisten más de 20,000 personas y se trasmite por radio. Los oradores resaltan el derecho a que se respeten las aspiraciones cívicas de las instituciones católicas en la Asamblea Constituyente.
- La Convención termina sus labores el 8 de junio y el 10 de octubre comienza a regir el texto constitucional, que consagra la separación de la Iglesia del Estado y promulga la libertad religiosa y de enseñanza, aunque «la enseñanza oficial será laica».
- Al convocarse elecciones generales en junio, el Vicario Capitular de La Habana, Manuel Arteaga Betancourt declara «que la Iglesia católica en esta arquidiócesis no tiene conexión con partido político alguno», pero que «todo católico puede y debe votar libremente en cualquiera de nuestros partidos políticos con la sola excepción del que mantenga un programa antirreligioso y ateo». Y añade: «Hoy importa mucho ejercer el derecho al sufragio, no quedándonos rezagados en su uso».
- Elección de Fulgencio Batista Zaldívar como Presidente. Gobierno de coalición con dos comunistas como ministros. Declaración de guerra a los países del Eje: Japón, Alemania e Italia.

1941
- El P. Manuel Foyaca, S.J., funda el movimiento «Democracia Social Cristiana» con el fin de divulgar la doctrina social católica.
- Nombramiento de Mons. Evelio Díaz Cía como Obispo de Pinar del Río.

- Se intenta promulgar una norma para la nacionalización del magisterio privado – mayoritariamente católico – que es rechazada por el Consejo de Educación.
- Fundación de la Confederación de Colegios Cubanos Católicos.
- Es nombrado para presidir la Comisión de Enseñanza Privada del Consejo de Educación el comunista Juan Marinello, lo que hace movilizar a los católicos en un acto «Pro Patria y Escuela» en el teatro «Nacional» a raíz del cual se constituye una entidad permanente para el «mejoramiento moral, económico y social del pueblo cubano».
- Publicación del primer reglamento de la Acción Católica Cubana, que se constituye oficialmente en la archidiócesis de La Habana.

1942
- Los EE. UU. entran en la II Guerra Mundial.
- Cuba declara la guerra a Alemania, Japón e Italia y establece relaciones con la URSS.
- Es consagrado Arzobispo de La Habana el Vicario Capitular Manuel Arteaga Betancourt.
- El Arzobispo Mons. Arteaga nombra la Junta Nacional de la Acción Católica Cubana y señala las prioridades de las cuatro ramas que formarán la organización.
- Se funda la Liga de Damas de Acción Católica, preparada personalmente por Mons. Arteaga para ser la rama de las mujeres de la organización.
- Establecimiento en La Habana de la Unión de Universitarias Católicas.

1943
- El obispo de Cienfuegos, Martínez Dalmau, ingresa en la Academia de la Historia y pronuncia su discurso: «La política colonial y extranjera de los reyes españoles de las casas de Austria y de Borbón, y la toma de La Habana por los ingleses».
- El 26 de marzo, en la ciudad de Ciego de Avila (Camagüey), durante su III Asamblea Nacional, la Federación de la Juventud Católica Cubana queda convertida, por voluntad del Episcopado, en las dos ramas de juventud (masculina y femenina) de la Acción Católica Cubana.
- Reconocimiento legal de la Confederación de Trabajadores de Cuba (CTC) presidida por el comunista Lázaro Peña.
- Habitantes de la Isla: 4,778,583, de ellos 3,553,312 blancos y 1,225,271 de color.

- Disolución del Komintern.

1944
- Durante su XV Asamblea Nacional, celebrada en La Habana el 9 de enero, los obispos declaran a la Asociación de Caballeros Católicos de Cuba como rama de hombres de la Acción Católica Cubana. Así termina de estructurarse la organización, en forma «unitaria», con cuatro ramas: de hombres y mujeres adultos, y jóvenes de ambos sexos.
- Presidencia de Ramón Grau San Martín.
- El Partido Comunista se transforma en Partido Socialista Popular.
- Aparece el primer número de «Orígenes», «revista de arte y cultura», a la que se le reconoce una inspiración cristiana o por lo menos espiritualista.
- Tercera reelección de Roosevelt como Presidente de los EE. UU.

1945
- En una Carta pastoral del 1º de febrero, el Arzobispo de La Habana, Manuel Arteaga Betancourt, declara: «Nuestra política es solamente servir y amar a la Patria, y los católicos gozan de libertad para militar en los partidos políticos que no ostenten programas contrarios a los principios fundamentales de la civilización cristiana».
- El Hno. Victorino, D.L.S., fundador de la Federación de la Juventud Católica Cubana, recibe la condecoración de la Orden de Carlos Manuel de Céspedes.
- Fidel Castro obtiene el grado de bachiller en letras otorgado por el Colegio de Belén de los PP. Jesuitas, y el Instituto de Segunda Enseñanza del Vedado.
- Harry S. Truman, Presidente de los EE. UU. a la muerte de Roosevelt.
- El 24 de diciembre el Papa Pío XII exalta a la dignidad de Cardenal al Arzobispo de La Habana, Manuel Arteaga Betancourt, «una púrpura romana llamada a ser ornamento de su Patria, de las Antillas y de toda la América Central», en frase del Papa.
- Bomba atómica sobre Hiroshima y Nagasaki. Derrota de Japón. Fin de la II Guerra mundial.
- Creación de la Organización de las Naciones Unidas (ONU) con 51 miembros, entre ellos Cuba.
- Comienzan a establecerse regímenes comunistas en Europa oriental.

1946
- 10 de enero: Da comienzo en Londres la primera Asamblea General de las Naciones Unidas. La delegación cubana es presidida por el embajador Guillermo Belt.
- En enero se celebra en La Habana el Segundo Seminario Interamericano de Estudios Sociales Católicos.
- El Arzobispo de La Habana, Cardenal Manuel Arteaga Betancourt, declara con fecha 10 de agosto: «He procurado mantener fuera de la política de partido a la Iglesia católica en Cuba, he estimulado a los católicos a cumplir sus deberes ciudadanos al amparo del régimen democrático al que pertenece nuestra Patria, he dejado plena libertad a los católicos en sus simpatías e inclinaciones a los partidos políticos nacionales, con la sola excepción del comunismo...»
- Las Naciones Unidas excluyen a España.
- Resulta elegido Representante a la Cámara por la provincia de La Habana el católico Angel Fernández Varela, miembro de la Agrupación Católica Universitaria, y para concejal por La Habana, el también católico José Miguel Morales Gómez.
- Eduardo Chibás funda el Partido del Pueblo Cubano («ortodoxo»).
- Se celebra en La Habana el primer Congreso Eucarístico nacional con actos masivos en la Avenida del Puerto y el Malecón, al que envía un mensaje radiofónico el Papa Pío XII.
- El Papa Pío XII concede la condecoración de la Rosa de Oro a la Primera Dama de la República en funciones, Paulina Alsina Vda. de Grau, por sus contribuciones a la Iglesia.
- Fundación por los PP. Agustinos de la Universidad Católica de Santo Tomás de Villanueva.
- Se celebra en La Habana el 2º Congreso Internacional de la Juventud Evangélica de las Américas. A alguno de los actos concurren unas 7,000 personas.

1947
- Expedición antitrujillista a República Dominicana desde Cuba.
- Se funda la Juventud Obrera Católica (JOC).
- Renuncia por enfermedad el Nuncio Caruana. Lo sustituye en septiembre Mons. Antonio Taffi.
- Apogeo del gansterismo político en La Habana.

1948
- En abril se crea la Organización de Estados Americanos (OEA).

- Muere el Arzobispo de Santiago de Cuba Valentín Zubizarreta Unamunsaga.
- Gobierno del Presidente Carlos Prío Socarrás.
- Se crea el movimiento «Acción Cubana» por miembros de la Agrupación Católica Universitaria, con el objetivo de llegar a la creación de un partido político de inspiración cristiana.
- Declaración de los Derechos Humanos por la ONU.
- Nombramientos de Arzobispo de Santiago de Cuba, Obispo de Camagüey y Auxiliar de La Habana, respectivamente, a Enrique Pérez Serantes, Carlos Riu Anglés y Alfredo Müller San Martín.
- Proclamación del Estado de Israel.

1949
- Se eleva a Embajada la Legación cubana ante el Vaticano: primer Embajador: Alfonso Forcade.
- Con motivo del «Día de la Juventud Católica Cubana» se celebra un mitin en el Parque Central de La Habana, en el que oradores de la Juventud de Acción Católica denuncian desde perspectivas de la doctrina católica, numerosas lacras e inmoralidades que sufre la vida política del país.
- En febrero tiene lugar en La Habana la Segunda Semana Interamericana de Acción Católica.
- Un grupo de dirigentes de la Federación de Juventudes de Acción Católica crea el «Movimiento Humanista», inspirado por las ideas del «Humanismo integral» de Jacques Maritain y las publicaciones doctrinales del movimiento demócrata-cristiano de Chile, con la intención de que sea la célula básica de un partido político.
- Truman, elegido Presidente de los EE. UU.
- Se proclama la República Popular China.

1950
- Guerra en Corea.
- Por segunda vez la Federación de Juventudes de Acción Católica celebra un mitin en el Parque Central de La Habana con motivo del «Día de la Juventud Católica Cubana», en el que los oradores hacen pronunciamientos, que trascienden a la opinión pública, ante los más candentes problemas de la Nación y del mundo.
- Se funda la rama femenina de la Juventud Obrera Católica (JOC).
- Inauguración de las primeras emisoras de televisión: Unión Radio y CMQ.

1951
- Se celebra en La Habana la primera Semana Social Católica de estudios sobre los problemas campesinos.
- Recibe el título de doctor «Honoris Causa» por la Universidad de La Habana, el Hno. León, D.L.S. por sus investigaciones sobre la flora cubana.
- El nuevo Nuncio, Mons. Giussepe Burzio, presenta sus credenciales en abril.
- Para conmemorar los primeros cincuenta años de instauración de la República, se convoca a una Misión Nacional que acompañará a lo largo de toda la Isla la verdadera imagen de la Virgen de la Caridad, Patrona de Cuba, venerada en el Santuario de El Cobre. Predican la misión dos padres franciscanos.
- Suicidio de Eduardo Chibás durante una de sus emisiones radiofónicas.

1952
- Se celebra en febrero el Primer Congreso Regional del Caribe y Centroamérica de la Juventud Obrera Católica (JOC) con la asistencia de su fundador Joseph Cardjin.
- El 10 de marzo, a pocos meses de la convocatoria de elecciones, el ex coronel Fulgencio Batista toma violentamente el poder mediante un golpe de estado deponiendo al Presidente constitucional Prío Socarrás y proclamándose Presidente de la República. El cardenal Manuel Arteaga Betancourt le dirige el siguiente mensaje: «Constituido su gobierno, bajo su digna dirección, cúmpleme presentarle, en mi carácter de Arzobispo de La Habana, en pro del orden, la justicia y la paz nacionales, mis respetos». Más tarde acude al Palacio Presidencial para saludar personalmente al nuevo mandatario «de facto».
- Dwight D. Eisenhower, Presidente de los EE. UU.
- Un editorial del «Semanario Católico» juzga el vuelco político del golpe de Batista de este modo: «Cuba se enfrenta en estos momentos ante la realidad dolorosa de un hecho consumado. El golpe militar supone un salto en el vacío, un paréntesis institucional que no sabemos cuánto durará ni cómo se cerrará. La hora es grave y explosiva. De la serenidad del pueblo depende que las aguas desbordadas retornen a su cauce, que se encuentre una fórmula que devuelva a la nación la legalidad constitucional y el pleno disfrute de sus libertades públicas».
- Se declara ilegal el Partido Comunista.

- Ruptura de relaciones con la Unión Soviética. Creación del Buró Represivo de Actividades Comunistas (BRAC).
- Ingreso de España en la UNESCO y otros organismos internacionales.

1953
- La Federación de las Juventudes Católicas celebra sus Bodas de Plata. Un desfile por las calles de La Habana es encabezado por una pancarta con la frase de Martí: «Para Cuba que sufre la primera palabra».
- Intento frustrado de tomar el Campamento militar de Columbia por el Movimiento Nacional Revolucionario (MNR).
- El 26 de julio Fidel Castro y más de un centenar de hombres atacan en Bayamo el cuartel del ejército, y en Santiago de Cuba el Cuartel Moncada. No consiguen su objetivo de apoderarse de los edificios; hay numerosos muertos y heridos en la acción y más por represalias a los atacantes. El Arzobispo de Santiago de Cuba, Enrique Pérez Serantes, da a conocer la pastoral «Paz a los muertos», el día 29, donde dice que «los trágicos sucesos del domingo pasado han hecho estremecer la ciudadanía toda de un extremo a otro de la Isla». Y afirma que ha hecho «las diligencias conducentes» a que haya «piedad cristiana para los vencidos» en lo cual tiene la promesa formal del Jefe del Ejército de la Región.
- Se celebra la manifestación «de las antorchas», partiendo de la Universidad, como protesta contra la dictadura. En ella encuentra la muerte a manos de la policía el estudiante Rubén Batista.
- El Jefe del Regimiento de Santiago de Cuba, Alberto del Río Chaviano, sugiere al Arzobispo que trate de buscar a Fidel Castro y convencerlo de que se entregue; el líder revolucionario se ha refugiado, tras el ataque al Moncada, con un grupo de seguidores, en la Gran Piedra de la Sierra Maestra. Mons. Pérez Serantes acepta a condición de que lo acompañe el dirigente católico Enrique Canto.
- El Arzobispo dirige una carta a Río Chaviano en la que le dice: «Gustoso me brindo a ir en busca de los fugitivos... y agradezco mucho a usted las facilidades que me dé para lograr el noble propósito. Asímismo aradezco las garantías que a los fugitivos y a mí nos brinde usted para llevar a vías de hecho el nobilísimo fin de que aquéllos depongan las armas». Tras dos días de búsqueda, los fugitivos se entregan y son acompañados hasta el Vivac por el Arzobispo y Enrique Canto; éste da la noticia de la detención a los

- medios de comunicación para asegurar la indemnidad de los detenidos.
- Proceso a Fidel Castro, donde pronuncia el discurso: «La historia me absolverá». Es condenado a 15 años de prisión.
- La Agrupación Católica Universitaria publica los resultados de una «Encuesta nacional sobre el sentimiento religioso del pueblo de Cuba», que aporta datos tanto sobre actitudes y prácticas religiosas como sobre opiniones y comportamientos morales en lo personal y en lo social. El porcentaje global de católicos es del 72.5% y la asistencia regular al culto de un 24.0%.
- El Episcopado publica el 5 de noviembre una Carta Circular invitando a festejar las Bodas de Oro sacerdotales del Cardenal Arteaga Betancourt.
- Se publica el «Primer catálogo de las obras sociales católicas de Cuba», por el Secretariado Económico Social de la Junta Nacional de Acción Católica Cubana, en el que se relacionan 255 obras educativas, asistenciales y sanitarias sostenidas por católicos.
- Muerte de Stalin. Le sucede Kruschev.
- Según el censo de este año la población alcanza los seis millones.

1954
- Un grupo de católicos dirigentes de la Juventud de Acción Católica, a los que se une un cristiano evangélico, fundan el MLR (Movimiento de Liberación Radical) con el propósito de actuar en la política activa.
- Se celebra en enero, en La Habana, el Quinto Congreso Interamericano de Educación Católica, que es clausurado por la palabra del Papa Pío XII.
- Con motivo de sus Bodas de Oro sacerdotales, el 21 de noviembre, el Cardenal Manuel Arteaga publica una Carta Pastoral en la que dice: «Considerad como un timbre de gloria que Cuba, como nación soberana, no haya cometido ningún pecado de agresión en contra de la libertad de la Iglesia, pudiendo sin sonrojo levantar airosamente su frente en el concierto de las naciones cristianas del mundo. Y en consecuencia, procurad que reinen relaciones de permanente armonía entre la Iglesia y el Estado, pues ello es necesario para el florecimiento de la vida religiosa del pueblo y para el desarrollo de las reservas morales de la nación».
- Se publica en La Habana «El Monte», obra fundamental de la etnóloga Lydia Cabrera.
- El católico José Antonio Echevarría es elegido Presidente de la Federación Estudiantil Universitaria (FEU).

➤ Fulgencio Batista es elegido Presidente de la República en lo que se califica de «farsa electoral».

1955
➤ Jorge Mañach funda la organización política «Movimiento de la Nación».
➤ La revista de los PP. Franciscanos «Semanario Católico» se moderniza bajo la dirección del P. Ignacio Biaín, convirtiéndose en «La Quincena» con el propósito de ser la gran revista católica de opinión bajo el lema: «Una respuesta cristiana a los problemas de hoy». Las incursiones que realiza en las temáticas de actualidad la hacen vulnerable a las censuras del régimen de Batista y a la vigilancia y críticas eclesiales.
➤ Presenta sus cartas credenciales el nuevo Nuncio Apostólico, Mons. Luis Centoz.
➤ Surge el «Movimiento 26 de Julio».
➤ Se forma el Directorio Revolucionario para emprender la lucha armada contra Batista.
➤ La Sociedad de Amigos de la República (SAR) intenta un «diálogo cívico» entre la dictadura y la oposición, que termina de modo infructuoso en tumultuoso mitin en la Plaza del Muelle de Luz, en La Habana.
➤ A la salida de la cárcel, amnistiado de su condena por el ataque al Cuartel Moncada de Santiago de Cuba, Fidel Castro se acerca a los dirigentes cristianos del Movimiento de Liberación Radical con el propósito de pactar una alianza entre el incipiente «Movimiento 26 de Julio» y el MLR. Fracasada la gestión, Castro se dirige a México.
➤ Huelga general del sector azucarero.

1956
➤ Se celebra en Río de Janeiro, Brasil, la Primera Conferencia General del Episcopado Latinoamericano, con representación de Cuba.
➤ España es admitida en la ONU.
➤ Pacto de Varsovia.
➤ Procedentes de México, embarcados en el yate «Granma», 83 hombres bajo el liderazgo de Fidel Castro desembarcan en la costa sur de la provincia de Oriente, en lugar inadecuado: una ciénaga. Son atacados por una escuadrilla de la fuerza aérea y el grupo se dispersa. Los doce hombres que pueden reagruparse, con sólo once

fusiles, inician una guerra de guerrillas en la Sierra Maestra para combatir la dictadura de Batista.
➤ Dwight D. Eisenhower, reelegido Presidente de los EE. UU.
➤ El filósofo, profesor universitario y político Rafael García Bárcena, publica el libro «Redescubrimiento de Dios (una filosofía de la religión)».
➤ En la villa de Placetas se celebra la asamblea constituyente de una nueva organización protestante: LEAL (Literatura Evangélica para América Latina).
➤ Kruschev denuncia el régimen de Stalin. Disolución del Kominform. Crisis en Polonia. Revolución en Hungría.
➤ En abril se concede a los Hermnaos De La Salle la medalla de la Orden de Carlos Manuel de Céspedes, al cumplirse 50 años de su llegada a Cuba.

1957
➤ Se celebra en La Habana, en el mes de enero, el Congreso Mundial de la Oficina Católica Internacional del Cine (OCIC).
➤ El arzobispo de Santiago de Cuba dirige una carta «Al pueblo de Oriente», ante el estado de terror y violencia que venimos contemplando», donde dice «que el presente estado de cosas debe ser liquidado lo más pronto posible, pero no a sangre y fuego», y que «debemos estar todos dispuestos a abrazarnos con el sacrificio, el que sea, el más costoso, en aras de la paz». Invoca «el auxilio de lo alto, el favor de Dios... para tratar de devolver a nuestro pueblo la paz, la confianza y la seguridad perdidas», y ordena que se celebren preces en todas la iglesias que terminen con la «Oración por la paz» compuesta por el Obispo de Pinar del Río.
➤ Enrique Canto, Presidente de la Junta Diocesana de Acción Católica de Santiago de Cuba, es designado Tesorero Nacional del Movimiento «26 de julio», a instancias de Frank País y Lester Rodríguez. Canto deja por escrito la renuncia a su cargo católico al Arzobispo para no comprometer a la Iglesia en su labor revolucionaria.
➤ El P. Guillermo Sardiñas, párroco de Nueva Gerona, en Isla de Pinos, sube a la Sierra Maestra, con permiso de su obispo, para incorporarse como capellán de las fuerzas guerrilleras revolucionarias comandadas por Fidel Castro. Le siguen en este gesto otros cuatro sacerdotes.
➤ El Directorio Revolucionario ataca el 13 de marzo el Palacio Presidencial.

- Muerte de José Antonio Echevarría, poco después de haber pronunciado por radio esta frase: «Confiamos en que la pureza de nuestras intenciones nos traiga el favor de Dios para lograr el imperio de la justicia en nuestra patria».
- La creciente participación de católicos seglares y también de sacerdotes en las luchas cívicas y revolucionarias, hace que los obispos den a conocer una «declaración oficial sobre la posición de la Iglesia en los asuntos políticos», fechada el 20 de junio. En la parte resolutiva, dice los siguiente: 1) La Iglesia, sin desentenderse nunca de la alta política, que es el bien común, permanece fuera y sobre todo partido político; 2) asímismo se interesa porque ésta sea la línea de conducta de las instituciones, que deben mantenerse como tales al margen de toda política de partido; 3) todo buen católico debe observar fielmente esta norma de la Jerarquía, sin menoscabo de los derechos que le asisten como ciudadano, y que la Iglesia respeta, de actuar bajo su propia y personal responsabilidad en la vida pública de la Nación.
- Los HH De La Salle fundan la Universidad Social Católica San Juan Bautista, para estudios comerciales.
- La Agrupación Católica Universitaria publica una segunda encuesta nacional sobre la situación del campesinado cubano, cuyos resultados se resumen en esta conclusión: «La ciudad de La Habana está viviendo una época de extraordinaria prosperidad, mientras que en el campo, y especialmente los trabajadores agrícolas, están viviendo en condiciones de estancamiento, miseria y desesperación difíciles de creer».

1958
- El Directorio Revolucionario establece un segundo frente guerrillero en la Sierra del Escambray, en Las Villas.
- Al celebrar el 11 de febrero su trigésimo aniversario, las Juventudes de Acción Católica publican un manifiesto sobre los graves sucesos que estremecen al país, en el que declaran que «la primera condición para devolver la paz a Cuba es el restablecimiento de un Régimen de Derecho en el que tengan garantías suficientes los valores básicos de las sociedades cristianas: la vida, la integridad física, la libertad individual… Pecan gravemente ante Dios los que aplicando métodos brutales e incivilizados de investigación, someten a los acusados a torturas y maltratos para arrancarles la confesión de sus actos, practican en cárceles o centros represivos el castigo corporal repudiado por la moral cristiana y prohibido por nuestras leyes, o llegan hasta la eliminación física sin formación

de causa ni previa declaración de responsabilidad». Los católicos sufren en carne propia estos atropellos: tres militantes de las Juventudes de Acción Católica y cuatro de la Agrupación Católica Universitaria, aparecen muertos con señales de tortura.
- Es elegido Papa Juan XXIII.
- El 25 de febrero, los seis obispos residenciales y el auxiliar de La Habana emiten una declaración, preocupados por «el estado lamentable a que hemos llegado en toda la República, y en particular en la región oriental», y para «tratar por todos los medios a nuestro alcance de que reine de nuevo la caridad y termine el triste estado de nuestra Patria». Para ello proponen a «todos los que hoy militan en campos antagónicos a que cesen en el uso de la violencia, y a que, puestos los ojos única y exclusivamente en el bien común, busquen cuanto antes las soluciones eficaces que puedan traer a nuestra Patria la paz material y moral que tanta falta le hace». A tal fin proponen «el establecimiento de un gobierno de unión nacional que pudiera preparar el retorno de nuestra Patria a una vida política pacífica y normal». Para viabilizarlo, se crea una Comisión de concordia formada por dos ex-Vicepresidentes de la República, un banquero y un sacerdote.
- A través de una carta al director de un noticiero radiofónico de Santiago de Cuba, con fecha 9 de marzo, Fidel Castro responde a la declaración de los obispos diciendo que éstos deberían definir lo que se entiende por «gobierno de Unidad nacional»; que también deberían aclarar al país si consideran posible «que cualquier cubano digno y respetado esté dispuesto a sentarse en un Consejo de Ministros presidido por Fulgencio Batista»; «que esta falta de definición por parte del Episcopado está capacitando a la Dictadura para llevar a cabo una medida hacia una negociación colaboracionista y contrarrevolucionaria», y termina diciendo que «el Movimiento 26 de Julio rehusa terminantemente todo contacto con la Comisión de conciliación».
- El 15 de marzo, El Conjunto de Instituciones Cubanas, entre las cuales están la Federación de la Juventud Masculina de Acción Católica y la Agrupación Católica Universitaria, expresa en una declaración que «consciente de que la nación se halla en trance de perecer, demanda hoy de modo sereno el cese del régimen actual porque ha sido incapaz de realizar la normal función de gobierno y de cumplir los altos fines del Estado». Añaden que «esta solicitud involucra la formación de un gobierno provisional de tránsito integrado por ciudadanos de relevante prestigio que, en función de unión nacional, sea designado con la conformidad de

todas las fuerzas vitales de la nación y posibilite la pacificación del país». Entiende que «esa es la única solución que en esta dramática encrucijada se ofrece a Cuba para salir triunfante del caos». Al carecer de fuerzas para desplazar al régimen por la violencia, «convoca a toda la ciudadanía para que estrechamente unida resista a la opresión ejerciendo los derechos que la Constitución otorga al hombre libre».

➛ El Arzobispo de Santiago de Cuba dirige el 24 de marzo una exhortación «al cesar en sus funciones la Comisión de concordia», dirigida «de un modo especial a quienes por tener en sus manos las riendas del poder, pueden mejor que nadie dar los pasos conducentes al logro de una solución pacífica a los gravísimos problemas que la Patria adolorida está confrontando. Piensen bien todos que cada día que pasa es una batalla más que se pierde; que la pierde Cuba, en el camino de la concordia y de la paz para hoy y para mañana»; «la paz definitiva, la que es obra de la justicia y no de las armas».

➛ En abril, con motivo de la explosión de un polvorín cercano al Santuario Nacional de la Virgen de la Caridad del Cobre, que produjo en éste serios daños, el Arzobispo de Santiago de Cuba se ve en la obligación de declarar que es «absoluta y totalmente incierto, falto de todo fundamento de verdad, lo que por algunos voceros de la opinión pública, se nos ha hecho decir, a saber: `es un acto de barbarie, manos anticristianas lo han perpetrado para ofender la fe religiosa de los orientales'. Otros han dicho otras cosas parecidas e igualmente falsas». Añade que «los causantes de la explosión no pensaron en manera alguna que del hecho perpetrado por otros fines se produciría el menor daño en el Santuario Nacional».

➛ En una Circular del mes de agosto, el arzobispo Pérez Serantes propone, «al aproximarse el 8 de septiembre, festividad de nuestra amada Patrona... implorar al Señor, por intercesión de su dulce Madre, las gracias todas que necesitamos, especialmente la paz con Dios y con nosotros mismos: la paz de nuestras almas y la paz de Cuba».

➛ El Arzobispo de Santiago de Cuba, en una Circular de fecha 7 de octubre, titulada «Paseo macabro», denuncia «un hecho incalificable ocurrido en esta ciudad». Se nos informa por personas que nos merecen entero crédito que, después de haber perdido la vida en las inmediaciones de esta ciudad un joven rebelde, su cadáver fue paseado por algunas calles a la vista de la multitud de personas que con horror e indignación tuvieron necesidad de verlo... Respetuo-

samente pedimos a quien corresponda una palabra de reprobación del hecho bochornoso, una actitud de justa represión, y la seguridad de que hechos de esta naturaleza no habrán de repetirse».
- Fulgencio Batista inaugura en la loma de la Cabaña la estatua del Cristo de La Habana.
- En una pastoral fechada el 24 de diciembre, bajo el título de «Basta de guerra», el Arzobispo de Santiago de Cuba quiere denunciar «los horrores de una guerra civil» que asola la provincia de Oriente, donde se cuentan por miles los muertos y heridos en ambas partes y que aumentan cada día «como aumenta el número y mejora de la calidad de las armas, importadas para que cubanos se dediquen a la tarea de matar cubanos». «Pero hemos entrado... en una fase nueva y espantosamente temible: la del hambre producida por la guerra». «Por piedad, por humanidad, por amor de Dios, por el buen nombre de la familia cristiana, procuren que no se siga desgarrando las entrañas de la madre». «Pedimos que nos hagan el obsequio de la paz que tan vehementemente anhelamos... en estas Navidades como riquísimo aguinaldo, el más ambicionado».
- Entre la noche vieja y el albor del nuevo año, Fulgencio Batista huye de Cuba hacia la República Dominicana. Termina la guerra.

1959
- Triunfo de la Revolución. Discurso del Arzobispo Mons. Enrique Pérez Serantes en el recibimiento a Fidel Castro en Santiago de Cuba. Se lee en todas las iglesias de la archidiócesis la instrucción pastoral «Vida nueva» donde califica a Fidel Castro de «hombre de dotes excepcionales» y ofrece un programa para «la obra de restauración que se va a emprender».
- Huelga general en todo el país en apoyo a la Revolución de Fidel Castro.
- En el primer número del año, la revista católica «La Quincena» comenta editorialmente el triunfo revolucionario bajo la rúbrica de su director el P. Ignacio Biaín: «Sin exageración podemos decir que hemos entrado en la etapa más decisiva y trascendental de Cuba, desde que Cuba conquistó la independencia. En muchos aspectos esta guerra que ha terminado empalidece a la guerra que hicieron los mambises. Los mambises nos legaron la materialidad de las instituciones y de los instrumentos para hacer la patria; pero la patria que nos entregaron no tenía contenido político ni menos social. La guerra civil que hemos padecido anuncia, en el eslabón de los acontecimientos históricos, un sentido de madurez que está

a punto de adquirir la nación cubana. Ahora se completa y acaba el ideario martiano».
➤ Abandona el país y dimite el Obispo de Cienfuegos, Eduardo Martínez Dalmau, al parecer porque considera que se le identifica con el régimen anterior.
➤ El 24 de febrero, las Asociaciones Católicas publican un manifiesto en el que se dice que «la revolución triunfante que tuvo el concurso más eficaz del catolicismo... debe recibir con nuestras fervorosas oraciones la ratificación sincera y desinteresada adhesión, así como conocer nuestros pronunciamientos sobre las cuestiones fundamentales que en estos momentos se encuentran planteadas», como libertades públicas, honestidad administrativa, reordenamiento jurídico, reforma agraria y reforma social. Sobre el comunismo declara que «el respeto que merecen nuestras determinaciones como pueblo libre y soberano, no puede comprometerse con los intereses internacionales del comunismo ateo, cuya presencia y actividades son motivo de alarma para la sociedad cubana».
➤ Fidel Castro, Primer Ministro del Gobierno Revolucionario.
➤ El 17 de mayo se firma en la Sierra Maestra la primera Ley de Reforma Agraria.
➤ El obispo coadjutor de La Habana, Evelio Díaz, el obispo de Matanzas, Martín Villaverde y el arzobispo de Santiago de Cuba, hacen declaraciones públicas apoyando la Ley de Reforma Agraria, el último con algunas reservas.
➤ Dimisión del Presidente Manuel Urrutia; lo sustituye Osvaldo Dorticós.
➤ El Episcopado da a conocer en una Circular «Al pueblo de Cuba», su inquietud por los rumores acerca de la unificación escolar y «un control estatal excesivo». El arzobispo Pérez Serantes pide, no como limosna, sino como justicia, que se permita enseñar religión en las escuelas públicas.
➤ Se celebra un Congreso Católico Nacional con actos masivos y Asamblea Plenaria de la Acción Católica en la que se exponen aspectos de la doctrina social de la Iglesia con acento en la oposición al comunismo. Fidel Castro, el Presidente Dorticós y miembros del Gobierno asisten al acto central del Congreso, una Misa al aire libre en la Plaza Cívica con asistencia de alrededor de un millón de personas que han llegado en desfile por las calles de La Habana. Mensaje radiado del Papa Juan XXIII.

1960
- Es nombrado Embajador de Cuba ante la Santa Sede el católico José Ruiz Velasco.
- 7 de enero: Quince superiores de religiosos españoles residentes en Cuba entregan una Declaración Conjunta al Embajador de España, apoyando al régimen –«netamente católico»– de Franco en España, que –según los firmantes– es resultado de una «cruzada» contra el comunismo. La Declaración responde indirectamente a los ataques de un sacerdote vasco de visita en La Habana, hechos por la televisión.
- El obispo Evelio Díaz es invitado a una «Cena martiana» que se celebra en la Plaza Cívica y toma asiento en la mesa al lado de Fidel Castro.
- Un grupo de católicos funda el Movimiento Demócrata Cristiano con el propósito de que llegue a ser un partido político.
- Visita Cuba el dirigente soviético Anastas Mikoyan. Un grupo de estudiantes se manifiesta en contra y coloca una ofrenda floral al pie de la estatua de Martí, con la bandera cubana, como desagravio por la que colocó Mikoyan con los emblemas soviéticos. Acusación de que los estudiantes de la Universidad Católica de Villanueva fueron los organizadores. El Rector de esa Universidad, Mons. Boza Masvidal, declara: «Los jóvenes que como manifestación de repudio a esa ideología fueron sin armas, pacíficamente, a depositar la bandera cubana y expresar así que querían la revolución cubana y no la rusa, ejercitaron el derecho que todo ciudadano tiene a la expresión del pensamiento».
- El 14 de marzo un llamado «Comité de Unidad Revolucionaria» da a conocer una proclama que dice: «Es hora de que Cuba tenga una verdadera Iglesia Revolucionaria, unida a Roma en lo eclesiástico pero nacional e independiente en lo político de acuerdo con las orientaciones de nuestro máximo líder Fidel Castro».
- El gobierno norteamericano revoca la cuota azucarera cubana.
- Pastoral colectiva de los obsipos, el 7 de agosto, en la que dicen ver con satisfacción las reformas sociales emprendidas que «tendrán siempre el más decidido apoyo moral de parte de la Iglesia» y denuncian la posible derivación comunista de la Revolución. Reacciones violentas del Gobierno e incidentes provocados durante la lectura de la Pastoral en las iglesias.
- 2 de septiembre: Primera Declaración de La Habana. Nacionalización de todas las compañías norteamericanas.

➤ Con el apoyo del régimen, un grupo de católicos relanza el movimiento «Con la cruz y por la patria» para defender la Revolución enfrentándose a los obispos. El sacerdote cubano Germán Lence, vinculado a este movimiento, es suspendido de sus funciones sacerdotales.
➤ Nacionalización del sistema bancario, telefónico, de electricidad y de televisión. Cierre de periódicos.
➤ En octubre los EE. UU. inician un embargo comercial contra Cuba. Acuerdos comerciales entre la URSS y Cuba.
➤ Explosión del mercante «La Coubre» en el puerto de La Habana.
➤ Se promulga el 15 de octubre la Ley de Reforma Urbana.
➤ En septiembre, supresión por el gobierno de dos espacios católicos en la televisión y de varios programas radiales. Las organizaciones católicas nacionales denuncian públicamente el hecho. Antes habían dado su apoyo a la Pastoral de los obispos.
➤ Muere repentinamente el obispo de Matanzas, Alberto Martín Villaverde.
➤ 4 de diciembre: Carta Abierta del Episcopado a Fidel Castro denunciando los incidentes provocados con motivo de la lectura de la Pastoral y rechazando imputaciones hechas a los católicos. Nuevas reacciones del Gobierno con violencia verbal y física.
➤ Se organizan los Comités de Defensa de la Revolución.
➤ El Arzobispo de Santiago de Cuba publica la cuarta de una serie de enérgicas pastorales contra el comunismo.

1961
➤ John F. Kennedy, Presidente de los EE. UU. Ruptura de relaciones entre La Habana y Washington.
➤ Se alza el Muro de Berlín.
➤ En el sepelio de las víctimas del bombardeo del 15 de abril de 1961, que precedió a la invasión por la Bahía de Cochinos, Fidel Castro se refiere por primera vez a la «Revolución socialista y democrática de los humildes, con los humildes y para los humildes». En el mismo discurso menciona a «los arzobispos» y a «los clérigos reaccionarios», «farsantes», que «bendicen y santifican la mentira».
➤ Inicio de la campaña de alfabetización.
➤ Intento de invasión de disidentes cubanos en el exterior por el sur de la Isla. Tres sacerdotes católicos acompañan a los invasores como capellanes. En toda Cuba hay detenciones en masa, también de sacerdotes, religiosos y laicos. Los locales católicos son ocupados o custodiados, incluso las residencias episcopales. El

Arzobispo coadjutor de La Habana, Evelio Díaz, y uno de sus Auxiliares, Boza Masvidal, permanecen tres días detenidos en una celda del edificio de la policía secreta. El Cardenal Arteaga se refugia en la Embajada Argentina, y el Obispo de Pinar del Río en otra sede diplomática. El clero y el obispo de Camagüey quedan confinados en el edificio de las Escuelas Pías durante diez días.
- Los superiores de la Orden Franciscana deciden suprimir la Revista «La Quincena», que aparecía en su actual formato desde 1955.
- El 1º de mayo, en el discurso final de la Fiesta del Trabajo, Fidel Castro anuncia la nacionalización de la enseñanza privada y declara que será expulsado todo el clero extranjero «contrarrevolucionario». Comienza el éxodo masivo de sacerdotes, religiosos y católicos seglares.
- El 15 de mayo se promulga en Roma la encíclica «Mater et Magistra», del Papa Juan XXIII, a la que se le concede publicidad en Cuba.
- Con fecha 6 de junio se promulga la Ley de nacionalización de la enseñanza, publicada en la «Gaceta Oficial» al día siguiente. En uno de los Por cuanto se dice que «en muchos centros educacionales privados, especialmente los operados por órdenes religiosas católicas, los directores y profesores han venido realizando una activa labor de propaganda contrarrevolucionaria».
- El 25 de junio muere en San Juan de Puerto Rico el pensador Jorge Mañach.
- Fidel Castro se reune con escritores y artistas en la Biblioteca Nacional y les dirige «Palabras a los Intelectuales», que incluyen la frase: «Dentro de la Revolución todo, fuera de la Revolución nada».
- Se inicia el programa de ayudas económico-financieras entre EE. UU. e Iberoamérica llamado «Alianza para el Progreso».
- Disturbios en la iglesia de Ntra. Sra. de la Caridad, en La Habana, por haber tenido que suspenderse la procesión con la Patrona de Cuba; el párroco de esta iglesia y obispo auxiliar de La Habana, Boza Masvidal y 131 sacerdotes y religiosos cubanos y extranjeros son conducidos por la fuerza pública a bordo del vapor español «Covadonga» a punto de zarpar para España.
- Cambio de la moneda nacional.
- Intervención de los EE. UU. en la guerra de Vietnam.

1962
- Embargo comercial a Cuba de la OEA (Organización de Estados Americanos) y ruptura de relaciones de los Estados miembros, excepto México.
- El Nuncio Luigi Centoz deja el cargo y es nombrado Encargado de Negocios Mons. Cesare Zacchi. En Roma presenta sus credenciales como nuevo Embajador de Cuba ante la Santa Sede, Luis Amado Blanco, católico afecto a la Revolución.
- Segunda Declaración de La Habana: el 4 de febrero.
- Varias personalidades vaticanas concurren en Roma a una recepción en la Embajada de Cuba ante la Santa Sede para celebrar el aniversario de la independencia de Cuba a la que se da amplia publicidad en Cuba.
- El Gobierno concede facilidades para que los obispos de la Isla puedan concurrir a las sesiones del Concilio Vaticano II que acaba de inaugurarse en Roma. Concurren a la primera etapa conciliar los obispos de Pinar del Río y Matanzas.
- En octubre, crisis entre los EE. UU. y la URSS por la presencia en Cuba de armas estratégicas de medio alcance. Bloqueo naval de los EE. UU. a Cuba.
- Inicio del racionamiento.
- Llega a La Habana el Nuncio en Bruselas, Silvio Oddi, en misión especial de la Santa Sede, con autoridad para evitar la salida masiva del país de sacerdotes y religiosos.

1963
- Muere el Cardenal Manuel Arteaga Betancourt, Arzobispo de La Habana.
- John F. Kennedy es asesinado. Lyndon B. Johnson, Presidente de los EE. UU.
- Son puestos en libertad cuatro sacerdotes sancionados bajo la acusación de participar en actividades contrarrevolucionarias, a condición de que abandonen el país.
- Se promulga en Roma, el 1º de abril, la encíclica del Papa Juan XXIII «Pacem in terris» recibida en Cuba con beneplácito oficial.
- Fidel Castro visita por primera vez la Unión Soviética.
- El Ministro de Asuntos Exteriores, Raúl Roa, hace llegar a la Nunciatura en La Habana las condolencias del Gobierno por el fallecimiento del Papa Juan XXIII. Se declaran tres días de duelo oficial.
- Es elegido Papa Pablo VI.

- Fidel Castro asiste a la recepción dada en la Nunciatura con motivo del Día del Papa, y sostiene una charla con el Encargado de Negocios de la Santa Sede, Césare Zacchi.
- Se implanta el servicio militar obligatorio.
- Muere el P. Ignacio Biaín, O.F.M., fundador y director de la revista «La Quincena» y uno de los sacerdotes que se mostraron comprensivos con la Revolución.
- Segunda Ley de Reforma Agraria.
- En septiembre el ciclón «Flora» azota la zona oriental de la Isla con grandes daños.

1964
- Por un informe confidencial se sabe que gracias a gestiones del Encargado de Negocios de la Santa Sede, 25 sacerdotes han podido entrar en la Isla y otros 40 podrán hacerlo próximamente; que se autoriza la importación de 100 vehículos, libres de tasas aduaneras, con fines de acción pastoral; que 4,000 Nuevos Testamentos y 600 Biblias han llegado a la Isla; que se podrá importar papel y que se concede la exención del servicio militar a los seminaristas. Todo lo cual es interpretado como mejoramiento de las relaciones con la Iglesia.
- Durante su asistencia en Roma al Concilio Vaticano II, el Obispo de Camagüey, Carlos Riu Anglés, decide no regresar a Cuba y dimitir.
- Muere en La Habana el P. Guillermo Sardiñas, llamado «el sacerdote comandante» por su rango militar, primer sacerdote católico autorizado por su obispo en 1957 a servir como capellán entre las fuerzas guerrilleras en las sierras orientales y que mantuvo hasta su muerte la disciplina eclesiástica, aunque críticamente, y la fe en la Revolución.
- Acuerdo cubano-soviético sobre el azúcar.

1965
- Constitución del nuevo Partido Comunista de Cuba. El Che Guevara se marcha de Cuba.
- Los diarios «Revolución» y «Hoy» se funden en el «Granma».
- Se establece un puente aéreo Varadero-Miami para cubanos que quieran emigrar a EE. UU.
- Los EE. UU. invaden la República Dominicana.
- Clausura en diciembre, del Concilio Vaticano II.

1966
-➤ El nuevo edificio del Seminario del Buen Pastor, levantado en Arroyo Arenas, provincia de La Habana, en 1945, es expropiado por el Gobierno mediante el pago de una cantidad minúscula para instalar en él una Unidad Militar defensiva junto a otras de esa zona. El Seminario debe instalarse en el antiguo edificio del Seminario de San Carlos y San Ambrosio, que se había adaptado para otros fines.
-➤ Comienza a publicarse la revista de la Juventud Comunista «El Caimán Barbudo».
-➤ Ruptura de Cuba con China comunista.
-➤ Tres sacerdotes católicos, varios seminaristas y militantes católicos, son llevados a campos de trabajo de las UMAP (Unidades Militares de Ayuda a la Producción) creadas para que los jóvenes no integrados ideológicamente al régimen cumplan un servicio paralelo al militar, sin armas, con trabajo agrícola. Son también candidatos a las UMAP los considerados viciosos, pervertidos, etc.
-➤ Acusados dos sacerdotes franciscanos de ocultar en su convento de La Habana a un fugitivo «contrarrevolucionario» que había matado a dos personas al intentar secuestrar un avión. El convento y la iglesia aneja son clausurados por el Gobierno y uno de los franciscanos, Miguel Angel Loredo, condenado a 30 años de prisión.
-➤ Se publica en la revista «Sucesos», de México, y es reproducida en Cuba, una entrevista con declaraciones atribuidas al Encargado de Negocios del Vaticano, Mons. Zacchi, en las que se hace decir a éste que «Cuba es el primer país socialista en el cual la coexistencia pacífica del Estado y la Iglesia católica puede calificarse en términos más precisos y correctos, porque lo que realmente hay aquí es una coactividad en todo trabajo que pueda traducirse en beneficio del pueblo». Dice también que «las relaciones entre el Gobierno y la Iglesia son muy cordiales. No se ha desatado persecución de ninguna índole contra los sacerdotes; tampoco se han cerrado templos, ni se han interrumpido los servicios religiosos».

1967
-➤ Fidel Castro, el Ministro de Estado Raúl Roa y otras figuras del Gobierno, acuden a una recepción celebrada en la Nunciatura con motivo de la consagración episcopal –como obispo titular de Zella– del Encargado de Negocios Mons. Zacchi quien mantiene una larga entrevista con Castro.

- Aparece en Roma la encíclica del Papa Pablo VI, «Populorum Progressio» sobre el desarrollo de los pueblos.
- Una ley de asociaciones ya vigente pero aplicada ahora a la Acción Católica, resulta limitativa para sus actividades y se decide disolverla sustituyéndola por el A.S.O. (Apostolado Seglar Organizado), con otro cariz y organización. En su representación, seis dirigentes seglares de Cuba asisten en Roma al III Congreso Mundial de Apostolado Seglar, acompañados por el Obispo Auxiliar de La Habana Fernando Azcárate.
- La Conferencia Episcopal considera que dado que en Cuba hay un régimen de partido único no puede aplicarse la prohibición a los cristianos de participar en partidos marxistas; por ello, si el Partido Comunista de Cuba permite la militancia de cristianos, todo cristiano con vocación política podría entrar en el mismo sin ninguna dificultad.
- Muere en Bolivia el Che Guevara.
- Aparece la revista oficial «Pensamiento Crítico».

1968
- Muere el arzobispo de Santiago de Cuba, Enrique Pérez Serantes.
- Una representación de la Iglesia de Cuba concurre en Medellín, Colombia, a la II Conferencia General del Episcopado Latinoamericano. Fidel Castro muestra especial interés por conocer los resultados de esta Conferencia que despierta grandes expectativas porque se va a estudiar la aplicación a América Latina de las decisiones del Concilio Vaticano II.
- Desaparece el diario «El Mundo» y con él la única sección católica de la prensa nacional.
- Pasan a manos del Estado pequeñas empresas y talleres familiares.
- La vía checoslovaca al socialismo es aplastada por las tropas del Pacto de Varsovia.
- En EE. UU. es asesinado el líder negro Martin Luther King.
- Manifestaciones de obreros y estudiantes en París.

1969
- Richard Nixon Presidente de los EE. UU.
- El Episcopado hace públicos, por primera vez desde 1960, dos documentos pastorales; en uno de ellos trata los temas del desarrollo y el trabajo aplicados a Cuba y en el que se desaprueba el bloqueo a la Isla mantenido por los EE. UU. como obstáculo a las posibilidades del desarrollo.
- Comienza la Zafra de los diez millones.

- El Gobierno suprime todas las fiestas, incluidas las religiosas de Navidad y Reyes, a fin de aprovechar al máximo el tiempo de trabajo para el que ha sido movilizado el pueblo en este «año del esfuerzo decisivo». Un Mensaje de la Conferencia Episcopal con motivo de la Navidad y de la Jornada Mundial de la Paz, comenta así esta decisión: «El esfuerzo abnegado que realiza nuestro pueblo, nosotros como cristianos debemos asociarlo al sacrificio del Redentor, siendo esta nuestra mejor ofrenda al conmemorar su nacimiento entre los hombres, uniéndonos a El tanto a través de la Misa de ese día, como por medio del esfuerzo personal de la vida diaria para aquellos que no pueden participar en ella».
- Visita Cuba por primera vez el prelado argentino Mons. Eduardo Pironio, tras haber sido elegido Presidente del Consejo Episcopal Latinoamericano (CELAM). Se entrevista con obispos, clero y laicado y con funcionarios del Gobierno.
- Muere el etnólogo cubano Fernando Ortiz.

1970
- La Declaración Final del Congreso Nacional de Educación y Cultura incluye un análisis de los aspectos religiosos, donde por primera vez se define públicamente cuál es la política de la Revolución ante la religión, partiendo de estos presupuestos: «Separación absoluta Estado-Iglesia, escuela-Iglesia, en todos los campos. No estimular, apoyar o ayudar a ningún grupo religioso, ni pedir nada de ellos. No compartimos las creencias religiosas ni las apoyamos; tampoco el culto».
- Fidel Castro anuncia el fracaso de la Zafra de los diez millones.
- Dimite el Arzobispo de La Habana, Evelio Díaz Cía, y es nombrado para sustituirlo Francisco Oves Fernández, con el que, según comentaristas, parece abrirse una «nueva frontera» en las relaciones Estado-Iglesia.
- Tras la victoria de la Unidad Popular chilena, se restablecen las relaciones entre Chile y Cuba.

1971
- Durante su visita a Chile, Fidel Castro habla sobre los cristianos y la revolución en América Latina y declara que los cristianos deben ser aliados tácticos y no estratégicos. Dice también que en Cuba «hay un clima de buenas relaciones... de respeto, de coexistencia entre la religión y la Revolución».
- En diciembre se da a conocer un «Mensaje de cristianos cubanos a cristianos chilenos» con motivo de la visita de Fidel Castro a

Chile, que dice: «Reafirmamos nuestra convicción de que es necesario librar, junto con los marxistas y demás hombres de avanzada, la batalla final por los `pobres de la tierra'».
➤ Se convoca en La Habana a la «Jornada Camilo Torres, hacia una integración cristiana en la Revolución», en cuyo manifiesto se postula que «la lucha revolucionaria es una lucha cristiana».
➤ En Camagüey, un numeroso grupo de laicos, ex miembros de la Acción Católica, son juzgados y condenados como «conspiradores» por haber fundado el Movimiento Revolucionario de Acción Popular (MRAP) de carácter social-cristiano, creándose las consiguientes tensiones.
➤ Ley contra la vagancia.
➤ Mayo: ruptura de un numeroso grupo de intelectuales de Europa y América con la Revolución cubana por el trato dado al poeta disidente Heberto Padilla.

1972
➤ 40 seminaristas, cinco profesores, un empleado y el Rector del Seminario de San Carlos y San Ambrosio, permanecen 28 días en un campamento cañero al sureste de La Habana para realizar trabajo voluntario de corte de caña. Se informa que el grupo contribuyó con 274,000 Kg. al total del azúcar producido por la zafra de este año, y se proyecta repetir la experiencia en las zafras de los años siguientes.
➤ Cuba se adhiere al COMECON (Consejo de Ayuda Mutua Económica) de los países socialistas.
➤ Perú, Barbados, Guyana, Jamaica y Trinidad Tobago restablecen relaciones con Cuba.
➤ Salvador Allende visita Cuba.
➤ Aparece el documento titulado «La situación de la Iglesia en Cuba analizada por un grupo de católicos comprometidos con la revolución cubana», que es el informe presentado en el Congreso de Cristianos por el socialismo, que se celebra en Chile, y en un Seminario en El Escorial, España, sobre Teología de la Liberación. Dice, entre otras cosas, que las Iglesias cristianas «son Iglesias `en el exilio' dentro de Cuba y nuestro aporte concreto sería `repatriarlas'"»; en cuanto a la «masa creyente» dice que «lo que interesa es que se incorpore cada vez más conscientemente al proceso de liberación integral que la revolución significa».

1973
➤ Fin de la guerra de Vietnam.

- Firma del tratado contra la piratería aérea entre Cuba y los EE. UU y Canadá.
- Golpe militar en Chile. Dictadura de Pinochet.
- Restablecimiento de relaciones con Argentina.
- Ruptura de relaciones con Israel.
- El 27 de junio son abolidos los tribunales revolucionarios y reemplazados por tribunales populares y cortes marciales.

1974
- Visita a Cuba de Mons. Agostino Casaroli, Secretario del Consejo para Asuntos Públicos de la Iglesia del Vaticano, quien se entrevista con el Presidente de la República, el Ministro de Asuntos Exteriores y recibe en la Nunciatura la visita de Fidel Castro. Mons. Casaroli es portador de un mensaje del Papa Pablo VI a los obispos.
- Es promovido a Nuncio Apostólico en Cuba Mons. Césare Zacchi y elevado a Arzobispo titular de Maura.
- Panamá y Venezuela reanudan relaciones diplomáticas con Cuba.
- Un grupo de católicos de Cuba dirige al Sínodo de Obispos que se celebra en Roma en octubre, una carta en la que piden «una válida y clara orientación ante situaciones en que nuestra fe, amor y esperanza se ven dramáticamente comprometidas y en conflicto».
- Dimite Nixon como Presidente de EE. UU.

1975
- Aprobación del Código de Familia.
- Muere en Roma el Embajador de Cuba ante la Santa Sede, Luis Amado Blanco. El Papa envía telegramas de condolencia al Gobierno y a la viuda y celebra una Misa por su alma.
- Muerte de Francisco Franco. Monarquía constitucional en España.
- El Nuncio Apostólico en Cuba, Mons. Zacchi, es nombrado Presidente de la Pontificia Academia Eclesiástica del Vaticano. Para sustituirlo el Papa nombra Pro-Nuncio Apostólico en Cuba a Mario Tagliaferri, Arzobispo titular de Formia. La razón que se da para la rebaja nominal en la categoría del Nuncio es que el Gobierno no sigue reconociendo la práctica según la cual «Los Nuncios tienen el decanato del cuerpo diplomático», y, de acuerdo con las normas de la Santa Sede, en ese caso se designa un Pro-Nuncio con rango de Embajador.
- Los países miembros de la OEA votan mayoritariamente a favor del levantamiento de sanciones económicas y políticas contra Cuba.

- Se celebra en La Habana el I Congreso del Partido Comunista de Cuba que promulga una Tesis y Resolución «Sobre la política en relación con la religión, la Iglesia y los creyentes», donde tras reconocer la libertad de conciencia y el derecho de los creyentes a practicar su culto, el largo texto desarrolla toda una normativa basada en estas premisas: «El papel social de la religión está dado por su contenido conservador, de renuncia a la lucha y sumisión de los llamados poderes sobrenaturales que no son otra cosa que la explicación, en la mente del religioso, de los fenómenos de la naturaleza y las fuerzas opresivas de las clases explotadoras», por lo que el Estado busca «la supresión definitiva de supervivencias ideológicas del pasado entre las que figuran los criterios místicos religiosos y las creencias en lo sobrenatural».
- Tropas cubanas parten hacia Angola «para derrotar la agresión de Sud-Africa y los mercenarios contra el pueblo angolano.

1976

- James Carter es elegido Presidente de los EE. UU.
- Se promulga, tras referendum popular, la nueva Constitución de Cuba, que en su artículo 54 define cuál ha de ser la situación de las religiones y sus adeptos dentro del sistema socialista marxista. Dice que se garantiza la libertad de conciencia, el derecho a profesar cualquier religión y a practicar el culto de su preferencia, pero antes proclama que el Estado «educa al pueblo en la concepción científica materialista del universo».
- Presenta sus credenciales al Papa Pablo VI el nuevo Embajador de Cuba ante la Santa Sede, José A. Portuondo, quien subraya en su discurso «el deseo de continuar manteniendo las cordiales relaciones de amistad que felizmente existen entre la República de Cuba y la Santa Sede». En su respuesta, el Papa Pablo VI dice que «la acción de la Iglesia y de la Santa Sede encuentran en Cuba un terreno preparado por la larga tradición de una civilización de signo cristiano. De manera que aquella no puede aparecer como ajena al alma y a la realidad profunda del pueblo cubano».
- Elecciones en todo el país para el Poder Popular.
- Fidel Castro, Presidente del Consejo de Estado.
- En China, muerte de Mao Tse-tung.
- Declaración del Comité Permanente de la Conferencia Episcopal de Cuba condenando el terrorismo a propósito del atentado contra un avión de la compañía Cubana de Aviación cuando despegaba en la isla de Barbados, que costó la vida de 73 personas, calificando el hecho de «inhumano y deplorable» y «como un crimen

contra el derecho a la vida, la cual es un bien primario reconocido por todas las civilizaciones, y un don de Dios». El Papa Pablo VI envía mensajes de condolencia y el Arzobispo de La Habana también envía el pésame al Gobierno cubano y a los familiares de las víctimas y acude a las honras de los fallecidos.
→ Es puesto en libertad el único sacerdote que guardaba prisión en Cuba, el P. Miguel A. Loredo, condenado en 1966 a 30 años de cárcel.
→ División de Cuba en catorce provincias.

1977
→ Discurso de Fidel Castro a los miembros del Consejo de Iglesias en Jamaica donde afirma que «hay que trabajar juntos para que, cuando la idea política triunfe, la idea religiosa no esté apartada, no aparezca como enemiga de los cambios», puesto que «no existen contradicciones entre los propósitos de la religión y la revolución». Concede que se envíen a Cuba 2,500 Biblias.
→ Tropas cubanas salen hacia Etiopía, para apoyar la lucha contra Somalia.
→ Apertura de los mercados libres campesinos.
→ Aparece en Madrid el libro de Santiago Carrillo «Eurocomunismo y Estado» en el que afirma que los partidos comunistas que siguen esa corriente tienen la voluntad de ir al socialismo con democracia, pluripartidismo, parlamento, instituciones representativas y libertades.

1978
→ El Consejo de Estado cubano decreta tres días de Duelo Oficial con motivo del fallecimiento de los pontífices Pablo VI y Juan Pablo I, disponiendo que la bandera nacional sea izada a media asta en los edificios públicos y establecimientos militares.
→ Juan Pablo II es elegido Papa.
→ El Arzobispo de La Habana, Francisco Oves, preside un encuentro de los delegados religiosos al XI Festival Mundial de la Juventud y los Estudiantes, en cuya ocasión pronuncia un discurso en el que al referirse a Cuba dice que «una sociedad que aspira a superar el antagonismo de las clases sociales, está más en sintonía con la radical condición cristiana». Refiriéndose al artículo 54 de la Constitución de Cuba, expresa su «esperanza en que pueda haber en el futuro un desarrollo ulterior en la relación vital revolución-creyente, revolución-Iglesia». Y añade que no se ayuda al compromiso de los cristianos en la construcción de una sociedad sin clases

antagónicas «si se presenta la fe cristiana como algo necesariamente hostil».
➤ Declaración de los obispos cubanos «sobre el diálogo con la comunidad cubana residente fuera de nuestro país», coincidente con la iniciativa del Gobierno sobre ese diálogo que los obispos dicen querer llenar de contenido evangélico. En ella se pide la liberación de presos políticos y su admisión por otros Estados «comenzando por los Estados Unidos».
➤ Después de siete años seguidos realizándolo, se decide dar por terminado el «trabajo voluntario» en el campo, de los seminaristas católicos, al parecer por dicrepancias por la forma de organizarlo las autoridades.
➤ Una Delegación del Consejo de Iglesias visita la Isla.
➤ El 18 de abril, Tratado entre EE. UU. y Panamá que dispone la entrega del Canal de Panamá a finales del Siglo XX.

1979
➤ El Cardenal africano Bernardin Gantin, Prefecto de la Congregación vaticana para la Evangelización de los Pueblos, lleva a Cuba la Bula Pontificia por la que se eleva a la categoría de Basílica Menor el Santuario Nacional de la Virgen de la Caridad, Patrona de Cuba, en El Cobre. El Cardenal Gantin se entrevista con Fidel Castro y es objeto de manifestaciones populares de afecto.
➤ El Papa Juan Pablo II envía un saludo al Presidente Fidel Castro al sobrevolar el territorio cubano de vuelta de México donde participó en la inauguración de la III Conferencia General del Episcopado Latinoamericano celebrada en Puebla; en su mensaje, el Pontífice augura nuevos y más provechosos frutos de evangélica reconciliación entre la Iglesia católica y el pueblo de Cuba. A la conferencia de Puebla asiste una amplia representación de la Iglesia en Cuba, encabezada por los obispos Oves (La Habana), Domínguez (Matanzas) y Peña (Auxiliar de Santiago).
➤ Se da a conocer la «Reflexión de católicos cubanos sobre la III Conferencia General del Episcopado Latinoamericano», un documento-crítico pero con lenguaje y expresiones conciliadoras, donde se esboza algún punto sobre la situación de los cristianos en Cuba. En la parte conclusiva se dice: «Librarnos de temores y descubrir que en el socialismo, por ateo que se proclame, la fe cristiana se depura mediante el amor eficaz y se proyecta a través de una profunda esperanza en un mundo de libertad, justicia, amor y paz, sería el mejor aporte de la Conferencia de Puebla».

- Trasladado a la Nunciatura en Perú, Mons. Mario Tagliaferri es sustituido como Pro-Nuncio por Mons. Giuseppe Laigueglia.
- Discurso de Fidel Castro en Ciego de Avila con motivo del aniversario del 26 de julio, donde dice «que el movimiento revolucionario ganaría mucho... en la medida en que dirigentes honestos de la Iglesia católica y de otras iglesias vuelven al espíritu cristiano de los esclavos de Roma. Y digo, no sólo el socialismo y el comunismo, ganaría también el cristianismo».
- Revolución sandinista en Nicaragua.
- Adopción de un nuevo Código Penal.
- Se erige la nueva diócesis de Holguín, desmembrada de la de Santiago de Cuba. Para regirla se nombra a Héctor Peña Gómez, Obispo Auxiliar de Santiago de Cuba.

1980
- Es nombrado Mons. Giulio Einaudi nuevo Pro-Nuncio en La Habana.
- Ante el asilo masivo de miles de descontentos en la embajada de Perú, el Gobierno concede autorizaciones, también masivas, para emigrar desde el puerto de Mariel. Los actos de repudio de que son víctimas los que deciden salir así de Cuba son denunciados por los obispos ante las autoridades a través de un documento enviado directamente y no divulgado.
- Incidente en la Nunciatura Apostólica cuando diez personas armadas y en actitud violenta penetran en busca de asilo. Fracasada la persuasión, interviene la fuerza pública con gases lacrimógenos para reducir a los ocupantes que habían retenido al personal con amenazas de muerte; como consecuencia de la acción resulta muerto el portero de la sede diplomática vaticana.
- Ronald Reagan, Presidente de los EE. UU.
- Celebración del II Congreso del Partido Comunista de Cuba, en cuya Resolución relativa a la Religión, la Iglesia y los creyentes, algunos analistas creen ver un tono y matices distintos de la del I Congreso, ya que omite todo lo referente a la lucha antirreligiosa y a la utilización para ello del aparato educativo, aunque sí se refiere a la difusión de «la concepción científico-materialista sobre la naturaleza, la sociedad y el pensamiento».
- Muere en París el escritor Alejo Carpentier el 24 de marzo.

1981
- Aparece el primer texto del documento: «Para una teología y pastoral de reconciliación desde Cuba», donde el sacerdote francés

René David, profesor de Teología del Seminario de San Carlos y San Ambrosio de La Habana, fundamenta doctrinalmente las posibilidades de un diálogo entre cristianos y marxistas.
- Circular del Episcopado sobre «La paz en el Caribe», en la que se rechaza tanto un ataque armado como toda forma de bloqueo y se adhiere a quienes «propugnan la negociación como única solución válida y auténticamente humana para este momento de seria crisis en nuestra región».
- El Gobierno instituye la Orden Félix Varela para premiar las aportaciones a la cultura.
- Población según el censo de este año: 9,706,369.
- Una delegación del Gobierno asiste a la toma de posesión del nuevo Arzobispo de La Habana, Mons. Jaime Ortega, quien sustituye a Mons. Francisco Oves, que, en ausencia, ha dimitido por enfermedad.

1982
- Muere el Obispo dimisionario de Pinar del Río, Manuel Rodríguez Rozas.
- Presenta credenciales al Papa Juan Pablo II el nuevo Embajador ante la Santa Sede, Manuel Estévez Pérez. En su discurso el Pontífice dice que «el noble pueblo cubano está particularmente presente en mi ánimo» y que «la historia es testigo de la aportación que la Iglesia ha prestado al crecimiento integral de la Nación».
- La Iglesia católica pone en marcha el proyecto de una Reflexión Eclesial Cubana (REC) para «renovarse y ponerse al servicio de la comunión con Dios y con el pueblo del cual forma parte».

1983
- En unas declaraciones de las que se hace eco la revista oficiosa «Bohemia», de La Habana, el Arzobispo Jaime Ortega se refiere a las «recientes» facilidades brindadas por las autoridades para la reconstrucción de templos, la adquisición de medios de transporte para sacerdotes y religiosas y el apoyo oficial a las obras asistenciales de las congregaciones religiosas».
- EE. UU. invade Granada. Muerte de cubanos colaboradores allí. Los obispos cubanos, en una nota, condenan «el uso irracional de la fuerza tanto más condenable cuando es el poderoso quien la emplea contra el pequeño».

1984
- Ronald Reagan es reelegido Presidente de los EE. UU.

➤ En una asamblea del Poder Popular, Fidel Castro pone como ejemplo de eficiencia en la gestión asistencial la realizada por religiosas en Hogares de ancianos, donde un personal numéricamente inferior presta un servicio que representa la mitad de lo invertido en instituciones estatales.
➤ Mons. Jean Vilnet, Presidente de la Conferencia Episcopal francesa llega a Cuba para una visita oficial durante la cual firma un acuerdo entre el Comité católico francés contra el hambre y por el desarrollo y el Ministerio cubano de Educación, para financiar un programa a favor de los niños deficientes.
➤ Muere el arzobispo dimisionario de La Habana Evelio Díaz Cía. Con él desaparece el último de los obispos residenciales firmantes de la histórica y conflictiva Circular Colectiva del Episcopado cubano de 1960.

1985
➤ Gorbachov primer Secretario del PCUS cuyo Comité Central inaugura la nueva estrategia de la «perestroika».
➤ Tres obispos y dos sacerdotes norteamericanos hacen una visita a Cuba, por invitación de la Conferencia Episcopal cubana, durante la cual son recibidos por Fidel Castro con el que mantienen una entrevista de cinco horas. Los obispos norteamericanos instan al Presidente a un diálogo con los obispos de Cuba, hablan sobre la discriminación a los católicos, la reunificación de las familias separadas y los viajes entre EE. UU. y Cuba.
➤ Se celebran en septiembre y noviembre dos encuentros entre Fidel Castro y una delegación del Episcopado cubano, en un «clima positivo» y con una agenda abierta a reuniones posteriores. En el primer encuentro se trata de la cuestión de los presos políticos. Otros encuentros tienen lugar también con personajes del Gobierno como Blas Roca y Carlos Rafael Rodríguez.
➤ Se crea un Departamento de Asuntos Religiosos dependiente del Comité Central del Partido Comunista para la relación de las Iglesias con el Estado. Para dirigirlo se designa a un antiguo militante comunista, José Felipe Carneado.
➤ Dos obispos, un sacerdote y una religiosa son invitados a participar en el «Diálogo continental sobre la deuda externa» convocado por Fidel Castro en La Habana. La presencia de los dos obispos católicos cubanos es saludada con una ovación por la Asamblea que se trasmite por la televisión.
➤ Una Comunicación a sus fieles del Obispo de Camagüey, Adolfo Rodríguez Herrera, sobre «Algunas orientaciones del magisterio

- eclesiástico acerca de la deuda externa y el nuevo orden económico internacional», es asumida como propia por los restantes obispos de Cuba.
- Durante su estancia en Roma para participar en el Sínodo extraordinario de obispos, el obispo de Camagüey y Presidente de la Conferencia Episcopal cubana, en una entrevista de prensa, se muestra de acuerdo con que ha ocurrido un deshielo en las relaciones entre la Iglesia y el Estado cubanos que puede abrir nuevos horizontes a la Iglesia y a la Revolución.
- Se publica el libro «Fidel y la religión», resultado de una entrevista de más de 23 horas concedida por Fidel Castro al religioso dominico Fray Betto, con tiradas cercanas al millón de ejemplares que le dan el carácter de «best seller» en Cuba y en Latinoamérica. En la entrevista, Castro plantea en términos nuevos, positivos, la relación de la Revolución con la Iglesia y rectifica algunos conceptos ateístas del marxismo, como que «la religión no es necesariamente opio».
- Al regresar de Roma se le ofrece al Nuncio de Nicaragua, Mons. Andrea Lanza de Montezemolo, una cena en la Nunciatura de La Habana a la que asiste Fidel Castro. El Nuncio había sido portador de una carta del Presidente cubano al Papa invitándolo a que interviniese con su autoridad en la «trágica cuestión de la deuda externa».
- Embargo comercial de EE. UU. contra Nicaragua.

1986
- El III Congreso del Partido Comunista se celebra excepcionalmente, en dos sesiones (febrero y diciembre).
- Se celebra en La Habana el Encuentro Nacional Eclesial Cubano (ENEC) con la tolerancia del Gobierno, en cuya representación asiste a la clausura el Vice-Ministro de Relaciones Exteriores, Ricardo Alarcón, y el Embajador ante la Santa Sede, Manuel Estévez.
- En una Carta dirigida a los Delegados al ENEC, los Obispos se refieren «a la aparición de algunos signos de acercamiento y distensión que hicieron posible el comienzo de un diálogo franco y constructivo con las autoridades de nuestro país"; añaden «que no se trata de indicios ocasionales, sino que por su importancia y permanencia estos hechos merecen la máxima atención de todos los cristianos y una adecuada acogida y respuesta evangélica».
- Durante la celebración del ENEC tiene lugar un acto de homenaje al P. Félix Varela en el Aula Magna de la Universidad de La

Habana, donde reposan sus restos, con la presencia de obispos y del Cardenal Eduardo Pironio, representante del Papa en el ENEC, a quien el Rector de la Universidad impone una condecoración. Un periodista italiano, representante de una publicación católica, escribe que «después de tantos años la Iglesia católica (es) acogida con honores y reconocimientos oficiales».
- Se inicia la Causa de Canonización del P. Félix Varela en la Archidiócesis de La Habana.
- Se inaugura en el Seminario de San Carlos y San Ambrosio de La Habana, la «Cátedra de cultura cubana Félix Varela» que reúne, para estudiar el pensamiento cubano, a profesores de la Universidad con grupos de seminaristas católicos, cristianos de otras denominaciones y marxistas, en una experiencia práctica de diálogo. El profesor titular del primer curso es el historiador Manuel Moreno Fraginals.
- Los protestantes presentan al Gobierno proposiciones para renovar las relaciones entre las Iglesias y el Estado.
- Visita a La Habana de la Madre Teresa de Calcuta, Premio Nobel de la Paz y fundadora de un instituto religioso de acción caritativa. La reciben el Director de la Oficina de Asuntos Religiosos, el Pro-Nuncio y los dos arzobispos de Cuba. Sostiene una entrevista con Fidel Castro «en un clima de amistad y entendimiento», según la prensa.
- Proceso de «rectificación de errores y tendencias negativas».
- Cierre de los mercados libres campesinos.

1987
- Se publica en la Tipografía Don Bosco, de Roma, el Documento Final del ENEC y la Instrucción Pastoral de los Obispos, en un volumen de 266 páginas. El primero incluye todo un capítulo —«Situación actual de la Iglesia en Cuba»— en el que se abordan las dificultades en la relación con el Estado socialista, tanto de la Jerarquía eclesiástica como de la comunidad de los católicos y de éstos individualmente. En ambos documentos se propone la fórmula del diálogo para llegar a la reconciliación y a una mutua colaboración en pro del bien común.
- Muere el obispo de Matanzas, José M. Domínguez.
- Un informe del Arzobispo de La Habana al Consejo Diocesano de Pastoral, dice que «la situación de la Iglesia en su diálogo formal con el Estado da la impresión de haber entrado en una fase de estancamiento a partir de la misma celebración del ENEC». No ha

habido retroceso –añade– pero no siguen los avances logrados a partir de 1985.
- El organismo de la Iglesia alemana «Misereor», completa el envío de componentes para la formación de niños deficientes, que la Iglesia católica de Cuba canaliza y coordina con el Comité Estatal de Colaboración Económica (CECE).
- Se anuncia a través del Secretariado de la Conferencia Episcopal cubana que las autoridades gubernamentales revisarán todos los textos escolares que contienen expresiones ofensivas contra la Iglesia católica y la fe cristiana.
- Se autoriza la importación de 30,000 Biblias.
- Realiza un viaje a Cuba Mons. Eduardo Boza Masvidal, que fuera obispo auxiliar de La Habana desde 1960 hasta su expulsión por el Gobierno en 1961.
- Visitan Canadá y EE. UU. los arzobispos de La Habana y Santiago de Cuba y el obispo de Camagüey, Presidente de la Confercncia Episcopal cubana. En Washington (Casa Blanca y Departamento de Estado) actualizan las gestiones realizadas por las conferencias de EE. UU. y Cuba para la liberación y ubicación en Norteamérica de algunos centenares de prisioneros cubanos con sus familiares. También se trata del levantamiento del embargo a Cuba en lo referente a medicinas por razones humanitarias y como paso previo a un diálogo más amplio entre ambos gobiernos.
- En su «Mensaje de Navidad», los obispos anuncian que «hemos hecho sostenidos esfuerzos para que algunos prisioneros de larga permanencia en las cárceles de Cuba pudieran recibir visas del Gobierno norteamericano para ir a residir en ese país». Y añaden «que un acuerdo migratorio completo tendría que incluir la posibilidad del retorno definitivo a Cuba de aquellos cubanos que desean regresar a vivir en su país».
- Es devuelta y reabierta al culto la iglesia de San Francisco de La Habana, que permaneció confiscada por el Gobierno desde 1966 después de un incidente por el que se encarceló a un sacerdote franciscano.
- Disidentes cubanos crean en la Isla una Comisión de los derechos del hombre y de la reconciliación nacional.
- Aprobación de un nuevo código civil y modificación del código penal.
- Voto en contra de Argentina, Venezuela, Colombia, México y Perú, a la sanción a Cuba propuesta por EE. UU. en la Comisión de Derechos Humanos de la OEA.

1988
- Invitado por el Presidente Fidel Castro, visita Cuba el arzobispo Fiorenzo Angelini, Pro-Presidente de la Pontificia Comisión para la Pastoral Sanitaria, con el fin de participar en un congreso de Ministros y Trabajadores Sanitarios de los países socialistas. En un encuentro con Fidel Castro, éste le comunica al prelado que permitiría la entrada al país de un mayor número de religiosas, enfermeras y asistentes sociales católicas.
- George Bush, Presidente de los EE. UU.
- Se anuncia que 20 sacerdotes han recibido autorización para entrar en Cuba a ejercer su ministerio.
- En una entrevista publicada por la revista «Cuba Internacional», el Dr. Carneado, Director del Departamento de Asuntos Religiosos del P.P.C., declara que «nuestro objetivo no es hacer a las personas ateas, sino lograr que se conviertan en constructores conscientes del socialismo. Construir la nueva sociedad es nuestro objetivo principal».
- En una homilía pronunciada en la iglesia del Santo Angel Custodio, con motivo del bi-centenario del nacimiento del P. Félix Varela, Mons. Carlos Manuel de Céspedes, Vicario General de La Habana, resalta el sentido cristiano del ideario patriótico del P. Varela y lo proyecta sobre el presente de Cuba, «preñado de ambigüedades», señalando una serie de aspectos negativos de la realidad del país.
- El Cardenal John J. O'Connor, Arzobispo de Nueva York, visita Cuba con motivo de las celebraciones bi-centenarias del P. Varela, cubano que fuera Vicario General de aquella diócesis estadounidense. Lo acompaña el sacerdote exiliado Raúl del Valle, ex Secretario particular del Cardenal cubano Manuel Arteaga.
- Cuatro obispos de la Alemania Federal, entre ellos el Presidente de la Conferencia Episcopal, realizan una visita a Cuba. En su informe posterior, dicen haber quedado impresionados por las restricciones impuestas a los católicos en el terreno pastoral y la discriminación a causa de la práctica de la fe: «La mayoría de los católicos con títulos académicos, sólo pueden acceder a profesiones técnicas, pero nunca a la docencia pública».
- Fidel Castro rechaza la «perestroika": «No estamos a 90 millas de Odessa, –dice– , sino a 90 millas de Miami».
- Una comisión investigadora de los derechos humanos de la ONU visita Cuba.
- La Comunidad Económica Europea establece relaciones con Cuba.

1989
- Visita del Cardenal Roger Etchegaray, Presidente del Pontificio Consejo «Cor Unum», durante la cual se anuncia por primera vez la posibilidad de una visita a Cuba del Papa Juan Pablo II, deseada por los católicos cubanos según comprueba el Cardenal.
- Presenta sus credenciales ante el Gobierno un nuevo Pro-Nuncio Apostólico, el español Faustino Sainz Muñoz.
- Nuevo embajador de Cuba ante la Santa Sede, F. Rodríguez Paz.
- En la revista «Juventud Rebelde» aparece un diagrama, cuyo contenido es «el modo de combatir la religión», que produce disgusto entre los católicos. El Director de la publicación dirige al Arzobispo de La Habana una carta en la que deplora lo sucedido y dice que se tomarán las medidas pertinentes «sobre tan lamentable incidente».
- Con motivo de «los acontecimientos dolorosos de los pasados días, que culminaron con la sentencia de muerte y ejecución de cuatro altos oficiales del ejército cubano», el Arzobispo de La Habana publica una nota acerca de la doctrina católica sobre la pena de muerte, en la que dice que, pese a la doctrina tradicional, un católico, atenido al Evangelio y a la sensibilidad actual, «se inclinará naturalmente por la no aceptación de esta pena», y recuerda que el Papa Juan Pablo II pidió clemencia para los acusados cubanos. «Estos son también –dice– mis sentimientos personales».
- Los EE. UU. invaden Panamá. Derrota del General Noriega.
- Elecciones en Chile. Triunfo demócrata–cristiano.
- El Arzobispo de La Habana y Presidente de la Conferencia Episcopal, Jaime Ortega, lleva al Papa la invitación de los obispos cubanos para que realice una visita pastoral a Cuba.
- El Director de Asuntos Religiosos del Comité Central del P.C.C., José Felipe Carneado, se traslada a Roma para hacer llegar al Papa la invitación oficial para visitar Cuba.
- Los obispos cubanos publican una Carta Pastoral «con motivo de la próxima visita de S.S. Juan Pablo II a Cuba», que por los esfuerzos aunados de las autoridades eclesiásticas y civiles de nuestra nación, se hace posible para un futuro próximo».
- Movimientos democratizadores en Polonia, Hungría, Rep. Democrática Alemana, Rumanía, Checoslovaquia, Bulgaria y la Unión Soviética.
- Desafío de los estudiantes chinos al régimen comunista de Pekin. Matanza de la Plaza de Tianamen.

- Caída del «Muro de Berlín». Final de la «Guerra fría» con el anuncio de un proceso de desarme al finalizar la reunión de Malta entre Bush y Gorbachov.
- En su Mensaje de Navidad, los obispos dicen que «muchas de las dificultades que encaramos, si bien tienen causas estructurales, siempre susceptibles de crítica y mejoramiento, también se originan y se agravan por las numerosas faltas de genuino amor que se constatan en todos los niveles de la vida de nuestro pueblo».
- Visita de Gorbachov a Cuba. Firma de un Tratado de amistad y cooperación válido por 25 años.
- Las tropas cubanas abandonan Angola y Etiopía.

1990
- El Gobierno declara que comienza un «período especial» con ajustes económicos.
- Por iniciativa del Cardenal O'Connor, Arzobispo de Nueva York, visitan Cuba tres médicos especialistas en SIDA acompañados por Mons. Cassidy, Director de Pastoral de la Salud en la diócesis de N.Y. Visitan las instalaciones hospitalarias dedicadas a esa enfermedad y sostienen entrevistas con funcionarios de Salud Pública y con especialistas cubanos en el SIDA.
- Apertura en Camagüey del Proceso para la Causa de Canonización del cubano José Olallo Valdés (1820-1889), religioso de la Orden Hospitalaria de San Juan de Dios.
- Los Arzobispos de La Habana y Santiago de Cuba son recibidos en el Vaticano por el Pontífice Juan Pablo II para informarle de los preparativos de su visita a Cuba y precisar detalles de la misma, a falta de fijar la fecha definitiva.
- La prensa internacional informa que al final de su visita a Checoslovaquia, el Papa anuncia que visitará Cuba el 8 y 9 de diciembre.
- Durante un viaje a Brasil y en una reunión con comunidades de base, Fidel Castro ataca duramente la jerarquía eclesiástica de Cuba acusándola de actuar según dictados del exterior. Alguna prensa asegura que esta reacción del Presidente cubano la motiva una comunicación que le dirigiera la Conferencia Episcopal cubana, en privado, en la que los obispos exhortaban al Gobierno a tomar medidas democratizadoras.
- La prensa cubana informa que el Gobierno considera que por el momento no se dan las condiciones para la visita del Papa a Cuba, en principio programada por la Iglesia para fines de 1990 o el primer trimestre del 1991.

- Juan Pablo II declara durante su viaje a México que «la situación no está madura para ir a Cuba a finales de año».
- El Arzobispo de La Habana, Jaime Ortega, envía una circular a todas las parroquias anunciando la suspensión de todos los actos preparatorios de la visita del Papa.
- Elecciones en Nicaragua. Derrota del Sandinismo.
- En una reunión con periodistas españoles, Fidel Castro califica de «un error del Vaticano» el anuncio de la visita del Papa en diciembre; añade que «para que el viaje se produzca es necesario que exista el acuerdo de las dos partes. No la había entonces y no la hay ahora». La visita papal parece, pues, pospuesta «sine die».
- Se funda la sección cubana de Cáritas internacional. Cuba era el único país de América Latina donde no estaba establecida a falta del «placet» oficial.
- «Revolución de terciopelo» en Checoslovaquia.

1991
- Reanudación de relaciones diplomáticas con Chile.
- Se trasmite en directo por la televisión un servicio litúrgico de Semana Santa desde una iglesia Metodista de La Habana.
- Disolución del Pacto de Varsovia y del COMECON. Abandono del marxismo-leninismo por la URSS.
- Una «Carta de los obispos cubanos a todos los sacerdotes del país ante la situación actual», fechada en la fiesta de Ntra. Sra. de la Caridad, se refiere a «las dificultades que experimenta la familia cubana para hacer frente a las necesidades materiales de cada día», al «descontento de tantos jóvenes por no hallar el trabajo a que aspiran» y también al turismo, que «aunque beneficioso para el país, es causa, por sus aspectos discriminatorios, de disgusto e irritación». Hablan del «aumento de la violencia, el robo, el alcoholismo y el desenfreno sexual', así como del «incremento del número de jóvenes que tratan de salir del país a través del estrecho de la Florida con gravísimo riesgo de sus vidas».
- Golpe militar en Haití. Derrocamiento del Presidente electo Aristide.
- La convocatoria al IV congreso del Partido Comunista de Cuba formula un llamamiento a sus militantes para que favorezcan la comunicación con los creyentes de los diferentes credos religiosos que «comparten nuestra vida y asumen nuestro proyecto de justicia social y desarrollo, aunque en algunos aspectos ideológicos se diferencien de nosotros».

→ Por un informe de la Conferencia de Obispos se da a conocer que la Iglesia católica en Cuba cuenta con 623 templos, 214 sacerdotes (116 cubanos), 329 religiosas y 47 seminaristas.
→ Se celebra el IV Congreso del P.C.C. que en una Resolución sobre los Estatutos del Partido, acuerda «suprimir en la práctica de los procesos de crecimiento del Partido cualquier interpretación de los actuales Estatutos que entrañe negar a un revolucionario de vanguardia, en razón de sus creencias religiosas, el derecho de aspirar a ser admitido en el Partido».
→ Tiene lugar en La Habana la I Jornada Social Católica, en la que se aborda críticamente la situación de Cuba. Mensaje del Papa Juan Pablo II.
→ Los obispos cubanos, en una Circular «Sobre la posible admisión de los creyentes en el P.C.C.», concluyen que un católico «pudiera optar por dicha pertenencia, siempre y cuando esto no fuera en detrimento de su propia conciencia"; pero si el P.C.C. sigue conservando su ateísmo integral, «a un católico le es moralmente imposible pertenecer a dicho Partido sin perder por ello su identidad cristiana».
→ Una Nota de la Conferencia Episcopal «sobre actos llamados de repudio en los cuales, además de palabras insultantes ha habido golpes y otras acciones agresivas», dice que es de temer que de seguir repitiéndose «lleguen a producirse reacciones también violentas… en el estado de irritación y aún de exasperación en que se encuentran tantos hermanos nuestros y a causa de la profunda crisis económica que atravesamos y que nos afecta de modo creciente».
→ Dimisión de Gorbachov. Yeltsin asume el Gobierno de Rusia.

1992
→ Bill Clinton, Presidente de los EE. UU.
→ Llega el nuevo Nuncio, Mons. Benjamín Stella, con cuyo nombramiento la representación diplomática de la Santa Sede en Cuba recupera su carácter de Nunciatura.
→ Nombramiento de nuevo Embajador de Cuba ante la Santa Sede en la persona de Hermes Herrera Hernández, que fuera Rector de la Universidad de La Habana, Vice-Ministro de Cultura y Embajador ante la UNESCO. En la presentación de credenciales, el Papa se refiere a que en Cuba «la aceptación de una presencia más activa de los católicos en la vida pública, además de favorecer el diálogo, redundará, sin duda, en bien de la comunidad civil», y que

allí «el reconocimiento pleno y efectivo de la libertad religiosa es a la vez fruto y garantía de las demás libertades».
- Comienza a publicarse la revista «Palabra nueva», de la archidiócesis de La Habana.
- En una Nota de los obispos sobre la discusión y aprobación de la Ley de Reforma Constitucional por la Asamblea del Poder Popular, dicen que «se ha llevado a cabo un cambio positivo en la formulación de los conceptos» sobre la familia, la educación y la religión, y esperan que «las reformas del sistema económico introducidas en el texto... puedan servir para provecho real de nuestro pueblo».
- Segunda visita del Cardenal Roger Etchegaray, cuyo propósito es conseguir que la Iglesia cubana tenga «cada vez más, un espacio reconocido para ejercer su acción propia al servicio de los pobres».
- La Conferencia de Obispos Católicos de Cuba declara que «incidentes muy lamentables» ocurridos en celebraciones religiosas, donde «agentes del orden han tratado de reducir por fuerza a la obediencia a personas allí presentes que intentaban levantar su voz para quejarse o protestar», son hechos que no están organizados por la Iglesia ni aprobados por ella. Y aunque «los que así proceden lo hacen buscando un espacio de libertad donde manifestar su opinión o su inconformidad», los templos no pueden convertirse en palestras políticas ni campos de combate. «La presencia en las celebraciones religiosas de agentes del orden en ropa civil, portando armas o instrumentos contundentes, es realmente una profanación» y no contribuye al orden, sino a más agresividad.
- En una Declaración de los obispos «ante el recrudecimiento del embargo económico de los EE. UU. contra nuestro país promovido por la ley Torricelli», muestran su rechazo «a todo lo que pueda aumentar las grandes dificultades económicas que sufre actualmente el pueblo cubano», y consideran que «este tipo de medida es moralmente condenable».
- El Papa Juan Pablo II envía una Carta «a los amadísimos Pastores de la Iglesia en Cuba, junto con mi palabra de aliento fraterno que os ayude en vuestro generoso y arduo magisterio episcopal». La ocasión es la visita a Cuba del Cardenal Etchegaray como apoyo a las actividades de Cáritas cubana «a favor de los sectores más necesitados», un esfuerzo solidario «en una sociedad que se abre cada vez más a los valores morales y trascendentes».

→ Muere Raúl Gómez Treto, laico católico cubano que quiso conciliar la fe cristiana con los principios y la práctica revolucionarios, aglutinando a otros católicos con ese fin.
→ Tres obispos encabezan la representación de la Iglesia de Cuba que asiste en Santo Domingo, Rep. Dominicana, a la IV Conferencia General del Episcopado Latinoamericano.
→ En su Mensaje de Navidad, los obispos declaran que «el pueblo cubano vive momentos muy difíciles. Hay necesidades básicas en situación muy crítica. La solución de los problemas suscita la comercialización de todo y la violencia primitiva por la supervivencia. Se incuban, además, angustias, tensiones y rencores..."

1993

→ Se conceden más facilidades para las inversiones extranjeras en la Isla.
→ Fallece José Felipe Carneado, Director del Departamento de Asuntos Religiosos del Comité Central del P.C.C. Y es nombrada para cubrir este cargo Caridad Diego Bello, que procede del Secretariado Nacional de la Unión de Jóvenes comunistas y es Directora de la Editorial Abril.
→ Muere el obispo dimisionario de Cienfuegos-Santa Clara, Alfredo Muller San Martín.
→ Se despenaliza la tenencia de divisas y se inicia la llamada «dolarización».
→ Se da a conocer fechado el 8 de septiembre, día de la Virgen de la Caridad, un «Mensaje de la Conferencia de Obispos Católicos de Cuba» titulado «El amor todo lo espera». El extenso texto aborda con espíritu conciliador, temas de moral, cultura, política y economía que se imbrican en la grave crisis del país, para cuya solución proponen que se implementen, con urgencia, soluciones mediante la búsqueda de caminos nuevos y la participación de todos en ese empeño por medio del diálogo. La escasa respuesta oficial que recibe el documento contrasta con una mayor expectativa popular: en poco tiempo se agotan casi cien mil ejemplares vendidos a 20 centavos en el Arzobispado de La Habana sin otra propaganda que la de boca a oído.
→ Se publica en el diario «Granma» una respuesta de Fidel Castro «a los firmantes del Mensaje al Gobierno Revolucionario de Cuba, representantes de distintas instituciones religiosas» que son en su mayoría protestantes. En ella se dice: «Acogeremos siempre los criterios, aun discordantes, de quienes están sinceramente interesados en promover nuestra obra de adelanto social, pero jamás

mereceremos nuestro respeto ni escucharemos a los que cultivan la insidia, sirven al enemigo y traicionan a su pueblo y a su patria», lo que parece interpretarse como una respuesta al Mensaje de los obispos católicos.

➤ Una Declaración del Comité Permanente de los Obispos Católicos de Cuba se refiere al hecho de que «la prensa nacional ha atacado con una fuerte dosis de agresividad a la Conferencia de Obispos Católicos de Cuba» por la publicación del Mensaje «El amor todo lo espera», para «intentar destruir la buena imagen de la Iglesia y de los obispos y sembrar así la división entre éstos y los creyentes para que pierda fuerza lo expuesto en nuestro documento». Y añaden: «Rechazamos completamente por calumniosas, las graves acusaciones que se nos hacen de traición a la Patria, propiciar un `baño de sangre' en nuestro país, entrar en alianza con el extranjero, desear la restauración colonial o favorecer la anexión a Estados Unidos, etc.» «Esta desproporcionada reacción –dicen– nos confirma en la convicción de la necesidad del diálogo» que se dé en todas las instancias, porque la unidad entre todos los cubanos depende de la capacidad para concertar y esto sólo se logra nucleando lo diverso a través de un diálogo».

➤ Los cuatro miembros del Comité Permanente de la Conferencia de Obispos Católicos de Cuba viajan a Roma para tener un encuentro con el Papa Juan Pablo II. Al inicio de la Misa que los obispos cubanos concelebran con el Papa, éste les dirige unas palabras en las que dice que espera que «se puedan superar cuanto antes los problemas internos y externos que afectan gravemente a la población cubana» y alienta «a todos los cubanos al diálogo fraterno basado en la búsqueda de la verdad objetiva y del bien común», como es el sentido del Mensaje «que ustedes, como obispos de Cuba, han dirigido recientemente a su pueblo, el cual esperaba de sus Pastores una orientación ponderada a la luz del Evangelio y de la doctrina social de la Iglesia», con solicitud pastoral «basada únicamente en crear un clima de amor y reconciliación, fundamento imprescindible para el bien de todo el país».

➤ En el Festival Internacional del Nuevo Cine Latinoamericano de La Habana, el Jurado de la Organización Católica Internacional del Cine, a la que pertenece Cuba, otorgó un Premio a la Mejor Película al film cubano «Fresa y chocolate», cuyo argumento constituye una crítica a la intolerancia en la Cuba revolucionaria.

➤ Los obispos católicos de Cuba, en un «Mensaje de Navidad al pueblo de Dios de nuestras siete diócesis», se refieren al diálogo como una expresión fraterna de comunicación de bienes». «Un

diálogo capaz de reconocer las razones de cada uno y las equivocaciones y defectos propios» y que «ha de basarse en una actitud no excluyente de personas, de argumentos y de razones del otro». Dicen que es alentador observar «como parece que se está abriendo paso la posibilidad de un diálogo con la emigración cubana» y alientan el deseo de que esta misma idea «se convierta en una esperanzadora realidad por medio de un verdadero diálogo interno».
➛ Censo de población : 10,800,000 habitantes.

1994

Enero
➛ En el discurso dirigido por el Papa Juan Pablo II al Cuerpo Diplomático acreditado ante la Santa Sede, el Pontífice se refiere a que «el pueblo cubano atraviesa dificultades materiales particularmente graves debidas a factores tanto internos como externos», añadiendo que «es importante no dejar a ese país en el aislamiento». Y dice también que «La Iglesia Católica de Cuba ha manifestado claramente el deseo de dar al país su propia contribución espiritual y moral, favoreciendo la educación al perdón, a la reconciliación y al diálogo, que son los fundamentos sobre los cuales se construye una sociedad donde cada uno pueda sentirse en su propia casa».

Febrero
➛ Al hacer una reflexión sobre la visita pastoral que está realizando a la arquidiócesis de La Habana, el arzobispo Jaime Ortega, señala que «el problema cubano no es sólo una cuestión de dinero, ni se circunscribe únicamente a lo político. Hay algo en nuestra situación que trasciende mecanismos económicos y actuaciones políticas; entre nosotros está en juego nuestra postura como pueblo ante la VIDA».
➛ Comienza a publicarse la revista «Vitral», del Centro de Formación Cívica y Religiosa de Pinar del Río.

Marzo
➛ A petición de Cuba, el Gobierno español se compromete a asesorar al Gobierno de la Isla en un plan de reformas económicas.

Mayo
➛ En marzo y mayo, respectivamente, los arzobispos de La Habana y Santiago de Cuba publican sendas reflexiones dirigidas a los que quieren abandonar el país, sobre todo en condiciones de peligro para sus vidas y los que dejan familiares ancianos.

Junio
- Mons. Jaime Ortega Alamino, Presidente de la Conferencia Episcopal, se refiere a que Cuba había constituido un sueño para muchos, basado en «las intuiciones sencillas y los anhelos justos de los pobres de esta tierra». Nadie podría alegrarse del triste despertar de este sueño –dijo–; «por eso la Iglesia no cesa de convocar a los cubanos al esfuerzo por reverdecer la esperanza». «Es imposible ignorar treinta y cinco años de la historia de una nación... Es tan falso decir que durante ese tiempo sólo hubo éxitos como afirmar que todos fueron desaciertos».
- El Papa Juan Pablo II, dirige palabras de saludo a los prelados cubanos, expresando «el crecimiento espiritual con que (Dios) está bendiciendo a la Iglesia en Cuba». «Estamos asistiendo –añadió– a un momento de gracia en la vida de vuestras comunidades eclesiales, que crecen no sólo numéricamente sino, sobre todo, en el fervor de su adhesión a Cristo y en la estrecha comunión de sus miembros».

Julio
- El Arzobispo de La Habana y Presidente de la Conferencia Episcopal publica un Mensaje «a todos los católicos y a todos los cubanos», a propósito de «los acontecimientos violentos y trágicos que produjeron el naufragio de un barco donde perdieron la vida tantos hermanos nuestros», para los que pide «depuración de responsabilidades». Reitera «la posición de la Iglesia con respecto a la salida de nuestra Isla de grupos de personas en embarcaciones frágiles, llevando en ocasiones niños pequeños, y cuánto hemos exhortado a nuestros hermanos a no correr ese riesgo».
- Con fecha 19 de julio un telegrama de la Santa Sede al Arzobispo de La Habana expresa la pena del Papa por la «dolorosa noticia» de la «lamentable muerte de personas en las cercanías del puerto», y su pésame a los familiares de los fallecidos, por cuyo eterno descanso ofrece sufragios.

Agosto
- El 24 de agosto los obispos de Cuba se dirigen «a todos nuestros fieles cristianos, a todo nuestro pueblo cubano», para compartir «las dolorosas preocupacionels de estos momentos en el que se acumulan demasiadas incertidumbres en las familias de nuestra Patria». Dicen que les preocupa «la carga de agresividad y de odio que anida en el corazón de la gente"; «el éxodo masivo de cubanos que abandonan la tierra `más hermosa que ojos humanos han visto', lanzándose irreflexivamente al mar».

Septiembre
- El 22 de septiembre, al concluir su 88º Asamblea Plenaria, los Obispos dan a conocer un Comunicado en el que afirman vislumbrar «signos de esperanza de que es posible conciliar voluntades para hallar salidas negociadas a las situaciones críticas». Prueba de ello –dicen– son «las conversaciones entre Cuba y Estados Unidos sobre asuntos migratorios», que son un buen precedente para otras conversaciones ulteriores «con otros interlocutores de diferentes opiniones tanto fuera como dentro del país, y siempre con un mismo propósito: la felicidad del pueblo cubano». «Sólo así no se repetirá otra estampida como ésta que acaba de terminar, causada no solamente por las estrecheces materiales, sino también por otras exigencias humanas fundamentales». Sobre este mismo tema dicen que «hay aún mucha incertidumbre sobre aquellos que no aparecen en las listas de rescatados. Y nos queda, también, un hondo dolor como pueblo, por haber visto partir a tantos hijos de nuestra Patria, sobre todo jóvenes». Expresan «un sentimiento de pesar ante nuestros hermanos que están recluidos en la Base Naval de Guantánamo, en Panamá o en otros sitios. No entendemos aún la manera incontrolada de producirse esta emigración, ni tampoco el destino que se ha dado a los que han sido rescatados en el mar».

Octubre
- El 17 de octubre el Consejo Ecuménico de Cuba concede por primera vez la «Distinción por la Cultura y el Compromiso Cristiano», creada para promover y estimular la cultura nacional desde una perspectiva eminentemente cristiana. Dos católicos reciben la distinción entre el grupo de galardonados, los periodistas Walfredo Piñera y Juan Emilio Fríguls.
- Apertura de los mercados agro-pecuarios.
- El domingo 30 de octubre se anuncia que el Papa Juan Pablo II ha nombrado Cardenal al arzobispo de La Habana Jaime Ortega Alamino.

Noviembre
- Invitado por el Gobierno visita Cuba, del 15 al 19 de noviembre, el Alto Comisionado de las Naciones Unidas para los Derechos Humanos, que se entrevista con dirigentes de los Derechos Humanos dentro de la Isla y pide la liberación de algunos presos políticos.
- Por tercera vez visita Cuba el Cardenal Roger Etchegaray, Presidente de los Consejos Pontificios Justicia y Paz, y Cor Unum.
- Del 17 al 20 de noviembre se celebra en La Habana la Semana Social Católica presidida por el Cardenal Etchegaray, con

participación de cubanos de toda la Isla. Tema: La Misión reconciliadora de la Iglesia: Promoción humana y Reconstruir la Sociedad civil.

➤ El Cardenal Etchegaray deja constituida la rama cubana de la Comisión Justicia y Paz.

➤ Al final de una recepción celebrada en la Nunciatura Apostólica en honor del Cardenal Etchegaray, Fidel Castro acude a la sede diplomática vaticana donde mantiene una larga entrevista en privado con el Cardenal.

➤ En ceremonias celebradas en el Vaticano los días 26 y 27 de noviembre, el Papa Juan Pablo II impone el birrete y entrega el anillo cardenalicio al nuevo Cardenal cubano Jaime Ortega Alamino. En la primera ceremonia el Papa alude en su discurso a la difícil situación de la Iglesia en Cuba. El lunes 28, el Cardenal Ortega celebra una Eucaristía en la basílica romana de Santa María la Mayor para los católicos cubanos asistentes a los actos, la mayoría de los cuales son los 250 que han sido autorizados a salir de la Isla para concurrir en Roma a la promoción cardenalicia del Arzobispo de La habana, a los que el Papa concede una audiencia.

Diciembre

➤ Clamoroso recibimiento popular al llegar el Cardenal a la Habana el día 9 de diciembre.

➤ El domingo 11 de diciembre se celebra una Eucarista en la Catedral de La Habana para recibir al Cardenal Jaime Ortega, con masiva asistencia de fieles que colman las naves del templo catedralicio, y se extienden hasta la plaza.

➤ Quince sacerdotes son autorizados a entrar en Cuba para colaborar en las tareas pastorales de la Iglesia católica.

1995

➤ El sábado 7 de enero, el Cardenal Jaime Ortega había iniciado su visita a todas las diócesis de la Isla, comenzando con una eucaristía celebrada en el Santuario de la Virgen de la Caridad del Cobre, Patrona de Cuba, en la emblemática región oriental. Días después, el 29 de enero, en la homilía que pronuncia en la Catedral de Camagüey, traza un cuadro de lo que ha sido la vida de la Iglesia católica entre los «cubanos de estas últimas generaciones»:

La fe del cubano ha sido sometida a la dura prueba del silencio sobre Dios, del rechazo de la misma fe como un elemento anticientífico, retrógrado e innecesario para la vida y esto al mismo tiempo que desaparecían nuestras escuelas y centros de formación y quedaba

> *trágicamente disminuido el número de sacerdotes y religiosas, sin que, por otra parte, tuviera el mensaje cristiano la posibilidad de alcanzar la prensa escrita, la radio o la televisión». «Pero la comunidad católica de Cuba ha entrado en una nueva etapa de su vida de fe. Y no es nueva porque haya un cardenal cubano, sino al contrario: hay un Cardenal en Cuba porque la Iglesia, con pasos firmes, comenzó a andar por nuevas sendas de mayor empuje evangelizador, con un compromiso creciente de los laicos, dejando atrás temores e inhibiciones, con el consiguiente crecimiento del número de los católicos activos y un aumento gradual y sostenido de vocaciones al sacerdocio y a la vida consagrada, mientras la voz de sus obispos es tenida en cuenta por muchos cubanos que la aprecian y la esperan.*

➤ La diócesis de Cienfuegos-Santa Clara es dividida en dos circunscripciones: Santa Clara y Cienfuegos. Al frente de la primera queda el obispo Fernando Prego y de la segunda Emilio Aranguren.

➤ Con fecha 16 de mayo se da a conocer una Declaración del Comité Permanente de la Conferencia de Obispos Católicos de Cuba, que trata del «deseo o el propósito de salir del país de muchos compatriotas nuestros», y desaprueban tanto «el estímulo propagandístico que llega desde fuera alentando tales viajes», como «las etapas de permisividad que se han producido en Cuba para ese arriesgado cruce del mar». Sobre el acuerdo entre Cuba y EE. UU., «lo que se conoce del acuerdo puede considerarse positivo si se mira a sus fines humanitarios». Desaprueba las medidas de «un reforzamiento del bloqueo o embargo» y pide «otras opciones positivas para superar las situaciones críticas, que no incluyan un aumento en el sufrimiento de la gente».

➤ El cardenal Bernardin Gantin, Prefecto de la Congregación para los Obispos y Presidente de la Comisión Pontificia para América Latina, visita Cuba por segunda vez, del 9 al 12 de julio. Sostiene conversaciones con sacerdotes, religiosas y laicos y participa en la reunión de la Conferencia Episcopal cubana.

➤ El Presidente Fidel Castro se hace presente en la Nunciatura Apostólica de La Habana con motivo de la recepción que tiene lugar el 11 de julio en la celebración de la fiesta del Papa y la visita del Cardenal Gantin con quien el jefe del Estado cubano conversa en un aparte.

- Comienza en septiembre la preparación del décimo aniversario del ENEC (Encuentro Nacional Eclesial Cubano) que se pretende sea una celebración y actualización, «teniendo en cuenta la nueva realidad que viven nuestras comunidades y las actuales condiciones que determinan la vida de nuestro pueblo».
- El 5 de septiembre, la Asamblea Nacional del Poder Popular de la República de Cuba aprueba una «Ley de la inversión extranjera», la cual permite que empresas con el 100% de capital extranjero se instalen en Cuba y que los exiliados cubanos puedan invertir en Cuba y adquirir bienes inmuebles.
- El 21 de septiembre la Cámara de Representantes de los EE. UU. aprueba una ley promovida por el senador Jesse Helms, que endurece el embargo económico contra Cuba y pretende detener el flujo de inversiones extranjeras a la Isla. Incluye represalias contra terceros países que mantienen relaciones comerciales con Cuba.
- En octubre los obispos cubanos se reúnen en la diócesis de Santiago de Cuba para celebrar el centenario de la muerte de José Martí, con actos en «Dos Ríos», lugar de la muerte del patriota cubano, visita el cementerio de Santa Ifigenia, donde reposan sus restos, y misa en la Basílica de Ntra. Sra. de la Caridad, en El Cobre.
- En diciembre se da a conocer que la Santa Sede ha erigido la diócesis de Bayamo-Manzanillo, desmembrada de la archidiócesis de Santiago de Cuba y sufragánea de ésta. Se nombra obispo de esta nueva circunscripción al sacerdote cubano Dionisio García Ibáñez.

1996
- Del 21 al 25 de febrero la Iglesia católica celebra el II Encuentro Nacional Eclesial Cubano (ECO) al conmemorarse el décimo aniversario del primero, ENEC, cuyas conclusiones «tienen plena vigencia» según los organizadores.
- El periodista católico y decano del periodismo cubano, Juan Emilio Friguls, recibe el 5 de marzo el Premio Nacional de Periodismo José Martí.
- Bill Clinton, Presidente de EE. UU., es reelegido.
- Muere en La Habana el 16 de abril el cineasta cubano Tomás Gutiérrez Alea.
- El 23 de agosto la cadena norteamericana CBS trasmite un debate televisado entre Jorge Mas Canosa, Presidente de la Fundación

Cubano-Americana de Miami y Ricardo Alarcón, Presidente de la Asamblea Nacional de Cuba. No es trasmitido a Cuba.
➤ Del 24 al 27 de octubre se celebra en Camagüey el Primer Encuentro Nacional de Historia: «Iglesia católica y nacionalidad cubana».
➤ El 19 de noviembre el Papa Juan Pablo II recibe en el Vaticano al Presidente Fidel Castro con el que conversa en privado 35 minutos.
➤ Se anuncia que el Papa Juan Pablo II visitará la Isla en el mes de enero de 1998 y se crea una Comisión conjunta Iglesia-Gobierno para preparar la visita.
➤ El 8 de diciembre se estrena en la Catedral de La Habana la «Misa cubana a la Virgen de la Caridad del Cobre» compuesta por José María Vitier, e interpretada en los solos por cantantes populares cubanos. Preside la Misa el Cardenal Jaime Ortega, Arzobispo de La Habana.
➤ Raúl Castro, Ministro de las Fuerzas Armadas, presenta, en una plenaria del Buró Político del Comité Central del Partido Comunista, el Proyecto oficial de orientación ideológica del Partido, que supone una vuelta a las posiciones más radicales del socialismo cubano. También se propone una reorganización del Comité Central.
➤ El Relator de las Naciones Unidas sobre Derechos Humanos en Cuba, Carl Johan Roth, denuncia que se siguen conculcando en la Isla las libertades de expresión, información, movimiento, reunión y manifestación pacífica.
➤ Cuba impide un acuerdo de cooperación económica y comercial y la incorporación de la Isla al Grupo de Río como país observador, al fracasar las negociaciones de la Unión Europea con Cuba.

1997
➤ Patricio de la Guardia, condenado en 1989 a 30 años de prisión en el proceso al general Ochoa, es liberado el 17 de marzo.
➤ Del 22 al 25 de mayo se celebra en El Cobre, Santiago de Cuba, la III Semana Social Católica.
➤ El «Grupo de Trabajo de la disidencia interna», como réplica al Proyecto de Documento elaborado con vista al V Congreso del Partido Comunista de Cuba, publica el 27 de junio el documento titulado «La Patria es de todos», firmado por Antonio Bonne Carcassés, René Gómez Manzano, Vladimiro Roca Antúnez y Marta Beatriz Roque Cabello, a los que desde entonces se llamó «el grupo de los cuatro».

- Por primera vez desde 1960 se autoriza celebrar una misa el aire libre en la Plaza de la Catedral de La Habana, que tiene lugar el 29 de junio y a la que concurren unos 5,000 católicos.
- El 14 de diciembre Fidel Castro anunció ante la Asamblea Nacional del Poder Popular, que «el próximo 25 de diciembre será, con carácter excepcional, día de fiesta nacional».
- En diciembre, uno de los líderes de la disidencia interna en la Isla, Elizardo Sánchez Santa Cruz, recibe el Premio «Fraternidad, Hermandad y Humanidad», concedido por el Gobierno de Francia.
- El 17 de diciembre Fidel Castro recibe a una representación de los obispos cubanos en un encuentro centrado en la visita del Papa.
- La Iglesia católica prepara la venida del Papa a Cuba con la visita de la «Virgen Peregrina» (Ntra. Sra. de la Caridad) a ciudades, pueblos y caseríos de toda la Isla. Millares de laicos misioneros van de casa en casa anunciando la visita del Papa».
- 13 misas al aire libre se celebran en la provincia de La Habana entre octubre y diciembre como preparación de la llegada del Papa.
- Se crea en México por la Comisión de Pastoral Social de la Iglesia católica, una Oficina de Información con el objetivo de que sirva de punto de referencia entre la Iglesia cubana y la comunidad internacional para la visita del Papa.
- Aparece en La Habana la revista «Espacios» editada por laicos católicos.

1998
- El 11 de enero se celebran elecciones en todo el territorio nacional para elegir 601 diputados a la Asamblea Nacional del Poder Popular.
- El arzobispo de La Habana, Cardenal Jaime Ortega, dirige un mensaje de media hora a la Nación cubana a través de los medios de comunicación.
- En una intervención televisiva, el Presidente Fidel Castro se refiere a la visita del Pontífice Juan Pablo II a Cuba, afirmando que colaboraría para que «la visita del Papa esté a la altura de su carácter religioso y a la vez histórico en bien de la Iglesia católica y de todo el pueblo de Cuba».
- En una rueda de prensa, el Cardenal Jaime Ortega afirma que «El viaje del Papa es una visita a la Iglesia y al pueblo cubano. Presentado como la aprobación de un régimen o la desestabilización de un sistema es desvirtuar el viaje».
- 13,000 periodistas internacionales reciben acreditación para informar de la visita del Papa.

- El Papa Juan Pablo II realiza una visita a Cuba del 21 al 25 de enero, con eucaristías masivas al aire libre en las ciudades de Santa Clara, Camagüey, Santiago de Cuba y La Habana, y actos en la Universidad de La Habana y el santuario de San Lázaro en El Rincón, también en la capital de la Isla.
- El Papa Juan Pablo II erige el 24 de enero la diócesis de Guantánamo-Baracoa. Obispo: Carlos Baladrón.
- El 30 de marzo la Unión Católica Internacional de Prensa (UCIP) concede a la revista católica de La Habana «Palabra nueva», el premio Medalla de oro de la UCIP 1998 «por su ejemplaridad en la libertad de información».
- El 18 de mayo, el Cardenal Jaime Ortega, Arzobispo de La Habana, recibe el título de Doctor Honoris Causa de la Universidad Católica de Rhode Island, EE. UU., y el 3 de junio, la Asociación de la Prensa de Norteamérica le concede el premio «Heraldo de la Fe».
- Del 11 al 14 de junio se celebra en El Cobre, Santiago de Cuba, el II Encuentro Nacional de Historia: Iglesia católica y nacionalidad cubana, con el tema central: «Obra educativa de la Iglesia católica en Cuba».
- Muere el 29 de junio en la República Dominicana el antiguo Obispo Auxiliar de La Habana, Fernando Azcárate, S.J.
- El 5 de diciembre el Papa Juan Pablo II eleva a archidiócesis la diócesis de Camagüey y promueve a arzobispo a su titular Adolfo Rodríguez.
- El Gobierno cubano restaura de modo permanente la celebración de la Navidad el 25 de diciembre como fiesta nacional.

1999
- El sábado 9 de enero muere en Santa Clara el obispo de esa diócesis Fernando Prego Casal.
- En febrero se aprueba por el Parlamento cubano una «Ley de protección de la independencia nacional y la economía de Cuba» que incluye graves sanciones por poseer, reproducir o defender... material de carácter subversivo... que apoye la guerra económica contra Cuba».
- Del 14 al 16 de febrero se celebra en La Habana la XXVII Reunión Interamericana de Obispos, con la asistencia de prelados de Latinoamérica y EE. UU. En su discurso inaugural, el arzobispo de Camagüey Adolfo Rodríguez, Presidente de la Conferencia de Obispos Católicos de Cuba, informa que después de la visita del Papa a la Isla han entrado a Cuba 42 sacerdotes y 34 religiosas, y

que aproximadamente 300 presos fueron liberados a instancias del Papa.
- Tras ser detenidos el 17 de julio de 1977 y permanecer en distintas prisiones sin cargos, el «Grupo de los cuatro», firmantes del documento «La Patria es de todos» es juzgado en marzo por la sala segunda de los delitos contra la seguridad del Estado del tribunal de La Habana, con sentencias entre cinco años y seis meses de privación de libertad.
- El 6 de marzo es nombrado Nuncio Apostólico en Cuba el mexicano Luis Robles Díaz, que sustituye a Beniamino Stella, nombrado Nuncio Apostólico en Colombia.
- El 29 de mayo es nombrado Doctor Honoris Causa en Humanidades por la Universidad de Georgetown, Washington, el Arzobispo de Santiago de Cuba Pedro Meurice Estiú, Primado de Cuba, en cuya ocasión pronunció un discurso sobre «Presente y futuro de la Iglesia en Cuba».
- El 12 de junio es ordenado en la Catedral de La Habana como obispo Auxiliar de La Habana, el sacerdote cubano Salvador Riverón Cortina.
- Hugo Chávez, Presidente de Venezuela. Reforma constitucional.
- El 24 de junio se celebra en la ciudad de Matanzas la IV Semana Social Católica de Cuba.
- El día 15 de noviembre comienza en La Habana la IX Cumbre Iberoamericana a la que concurren los mandatarios de los países latinoamericanos (excepto Chile, Argentina, Costa Rica, El Salvador y Nicaragua), los presidentes de España y Portugal y el Rey de España, Juan Carlos I, como Jefe de Estado que despierta grandes simpatías.
- El 17 de noviembre se firma en La Habana el Documento final de la IX Cumbre Iberoamericana que incluye «el compromiso de fortalecer las instituciones democráticas, el pluralismo político, el Estado de derecho y el respeto a los derechos humanos».
- Durante la celebración en La Habana de la IX Cumbre Iberoamericana, el Presidente español José María Aznar se reúne con representantes de los grupos de disidentes cubanos organizados en el interior de la Isla.
- El 8 de diciembre la revista católica «Vitral», de Pinar del Río obtiene uno de los premios de la Fundación Príncipe Claus de Holanda, que es entregado a su director Dagoberto Valdés Hernández.
- El 10 de diciembre, el nuevo Embajador de Cuba ante la Santa Sede, Isidro Gómez Santos, presenta al Papa sus cartas credencia-

les. En su discurso el Pontífice Juan Pablo II declara que aunque la misión de la Iglesia es de orden espiritual y no político, el fomentar unas relaciones más fluidas entre la Iglesia y el Estado contribuirá ciertamente a la armonía, progreso y bien de todos, sin distinción alguna».
- El Presidente cubano Fidel Castro exige a los EE. UU. que devuelvan a Cuba al niño de cinco años Elián González, que fuera rescatado de un naufragio en el que murieron 10 balseros cubanos entre ellos la madre del niño. El incidente se convierte en un pulso político entre los gobiernos de Cuba y EE. UU. y el exilio cubano de Miami donde se encuentra el niño.

2000
- El 29 de enero «Reporteros sin Fronteras» protestan ante las autoridades cubanas de la detención de tres periodistas suecos. Otra periodista francesa fue detenida en el aeropuerto «José Martí».
- Con motivo de una exposición presentada por dirigentes polacos a través de la embajada de su país, en La Habana y Pinar del Río, el diario oficial «Granma» lanza fuertes ataques en tres editoriales en el mes de mayo, sobre todo contra Dagoberto Valdés Hernández, director del Centro de Formación Cívico Religiosa que apoya la Iglesia Católica. La exposición aludía a la transición del comunismo a la democracia y tuvo lugar en La Habana en el convento dominico de San Juan de Letrán y en la casa de las Hijas de la Caridad en Pinar del Rìo.
- Se celebra en Camagüey del 6 al 9 de junio el II Encuentro Nacional de Historia: «Iglesia católica y nacionalidad cubana», convocado por la Comisión de Cultura de la Conferencia Nacional de Obispos Católicos de Cuba.
- El 29 de junio, el niño «balsero» Elián González llega a La Habana junto con su padre, después de siete meses en Miami, tras una pugna judicial al final de la cual las autoridades estadounidenses deciden la vuelta al niño a Cuba. Con ello el caso queda zanjado y también las fuertes tensiones políticas que había despertado.
- En lo que la prensa califica de «un suavizamiento del embargo a Cuba», el pleno de la Cámara de Representantes de EE.UU. vota el 28 de junio una ley levantando el embargo en lo relativo a productos agrícolas y farmacéuticos. El acuerdo establece que los norteamericanos serán autorizados a viajar a Cuba por razones de negocios, aunque no como turistas. Pero se prohibe que el gobierno federal o los bancos de EE.UU. concedan créditos para

tales ventas, por los que Cuba tendrá que pagar en metálico los productos norteamericanos. El acuerdo prohíbe a la Casa Blanca incluir los capítulos de medicinas y alimentos en futuras sanciones contra países contrarios a su política.
- El 23 de septiembre en la Convención Anual de la Soberana y Militar Orden de Malta en los EE.UU., fue condecorado con la «Gran Cruz Pro Mérito Melitense» del año 2000, el Obispo de Pinar del Río Mons. José Siro González Bacallao. La Gran Cruz se confiere a personalidades relevantes por su servicio a los más necesitados y por la defensa de la fe y de la paz.
- En octubre Cuba acuerda un impuesto sobre las llamadas telefónicas internaciones que se efectúen entre Cuba y EE.UU.
- El Presidente de Venezuela, Hugo Chávez reitera la intención de su gobierno de firmar el Pacto Energético de Caracas para beneficiar a Centroamérica y el Caribe. El suministro de petróleo se hará a precios de mercado pero con facilidades de pago. El Presidente Chávez dice en una alocución que el acuerdo puede beneficiar a Venezuela al tener en cuenta que países como Cuba «podrían ayudar en asuntos de medicina, ciencia, tecnología y deportes».
- Se celebra en La Habana un Congreso Eucarístico archidiocesano del 8 al 10 de diciembre, con sesiones de estudio y actos masivos al aire libre en La Habana Vieja.
- En el 55 período de sesiones de la Asamblea General de las Naciones Unidas, un proyecto de resolución presentado por Cuba el 9 de noviembre sobre la «Necesidad de poner fin al bloqueo económico y comercial» a la Isla, fue votado a favor por 167 países, 3 en contra, cuatro abstenciones y 15 ausencias.
- Fidel Castro asiste en Panamá a la X Cumbre Iberoamericana, donde se opone a una moción de El Salvador que condena el terrorismo de ETA en España.
- En diciembre, George Busch, hijo, es declarado vencedor, por estrecho margen, en los comicios para la presidencia de los Estados Unidos, tras un largo escrutinio conflictivo en algunas circunscripciones electorales sobre todo del Estado de la Florida.
- Muere en EE.UU. el poeta cubano Heberto Padilla, centro de una crisis ideológica entre los escritores cubanos en 1970 llamada «el caso Padilla».
- Visita «protocolaria» a Cuba del Presidente de Rusia Vladimir Putin.

ÍNDICE TEMÁTICO

–A–

Abakuá, Sociedad secreta afro-cubana, 63
ABC, movimiento político, 103, 104
Absolutismo de Fernando VII, 43
Academia Cubana de Literatura, 62
Academia de Dibujo y Pintura San Alejandro, 56
Acción Católica Cubana, 108, 109, 111, 114, 116, 117, 128, 130
Acueducto de Fernando VII, La Habana, 83
Acueducto de Albear, La Habana, 61, 62
Acuñación de moneda cubana, 98
Afirmación Católica, campaña, 107
Ala Izquierda Estudiantil, 102
Alzamiento de Río Verde, 103
Anexión de Cuba a los EE. UU., 58, 64, 66, 69, 74, 148
Año del esfuerzo decisivo, 129
Aquisgrán, tratado de, 42
Armadilla, 28, 30
Arsenal de La Habana, 41
Asociación de la Prensa de Norteamérica, 157
Asuntos religiosos, Oficina, 137, 141, 142, 147
Audiencia de La Habana, 63
Autonomía universitaria, 104, 105
Autonomismo, 55, 75, 80, 81, 82, 84, 87

–B–

Balseros, 159
Banco Español, 70
Barbados, 130
Barbados, atentado aéreo, 132
Barco de vapor «Neptuno», Habana-Matanzas, 56
Basilea, Suiza, 23
Basilea, paz de, 49
Bloqueo a la Isla, 53, 88, 125, 128, 136, 153
Bloqueo del Puerto de La Habana, 30, 42
Buró Represivo de Actividades Comunistas (BRAC), 113

–C–

Cambio de moneda nacional, 95
Camino de hierro Habana-Güines, 63
Campaña de alfabetización, 123
Capitanía General de Cuba, 44, 64, 69
Cáritas cubana, 144, 146
Casa de Beneficencia de La Habana, 49, 66
Casa de Contratación de las Indias, 14
Casa de niños expósitos en La Habana, 39
Caso Padilla, 130
Cátedra de Constitución en el Seminario de La Habana, 57
Cátedra de Cultura Cubana «Félix Varela», 81
Cátedra de Economía Política del Seminario de San Carlos y San Ambrosio, 58
Censores regios, 62
Centro de Formación Cívico-religiosa, Pinar del Río, 149, 159
Club «San Carlos» de Santiago de Cuba, 89
Club Católico Universitario, 102
Club de La Habana, 66
Código civil, 140
Código de familia, 131
Código penal, 135, 140
Colegio de Belén, 70, 109
Colegio de la «Unión Israelita Chevet Ajim», 99
Colegio De la Salle del Vedado, La Habana, 102
Colegio de las religiosas del Amor de Dios, 79
Colegio de las religiosas del Sagrado Corazón, 70
Colegio de San Cristóbal o de Carraguao, 57, 61
Colegio El Salvador del Cerro, 66, 71
Colegio Escolapio en Guanabacoa, 70
Colegio para niñas, monjas ursulinas, 53
Colegio San Ambrosio, 35, 46, 52
Colegio San Carlos y San Ambrosio, 46, 52

Colegio San Francisco de Sales, La Habana, 34
Colegio San José de los jesuitas, 40
Colegio San Pablo, 73
Colegio Seminario San Basilio Magno, Santiago de Cuba, 40, 42, 43, 66
Colegios católicos, 34, 35, 40, 46, 52, 53, 57, 61, 70, 71, 73, 79, 101, 102, 108
Colonización blanca, 56, 86
Comisión de Concordia para un gobierno de unidad nacional, 118, 119
Comité revolucionario de la emigración cubana, 78, 79, 80
Comités de defensa de la Revolución, 123
Compañía Cubana de Aviación, 132
Compañía de las Indias Occidentales, 30
Compañía Inglesa del Mar del Sur, 39
Comunidad católica de Cuba, 139, 153
Comunidad cubana residente en el extranjero, 134
Comunidad Económica Europea, 141
Concilio de Trento, 20
Concilio Vaticano (I), 75, 76
Concilio Vaticano (II), 125, 126, 128
Concordatos, 41, 43, 68
Confederación de Colegios Cubanos Católicos, 108
Confederación de Trabajadores de Cuba, 106, 108
Confederación Nacional Obrera de Cuba, 102
Conferencia del Episcopado Latino-americano en Medellín, 128
Conferencia del Episcopado Latino-americano en Puebla, 134
Conferencia del Episcopado Latino-americano en Río de Janeiro, 115
Conferencia del Episcopado Latino-americano en Santo Domingo, 147
Conferencia Episcopal, 128, 129, 132, 137, 138, 140, 141, 142, 143, 145, 146, 147, 148, 150, 153, 157
Conferencia Panamericana en La Habana (V), 102
Congreso Católico Nacional, 104, 110, 112, 121
Congreso de Cristianos por el socialismo, Chile, 130
Congreso de EE. UU., 53, 87
Congreso de Ministros y Trabajadores Sanitarios de los países socialistas, 141
Congreso de mujeres, 102
Congreso de Naciones Americanas, 59
Congreso Eucarístico diocesano, 99
Congreso Eucarístico Nacional, 110
Congreso Evangélico Hispanoamericano, 103, 110
Congreso feminista, 106
Congreso Internacional de Educación Católica, 114
Congreso Mundial de Apostolado Seglar, 128
Congreso Mundial de la Oficina Católica Internacional de Cine, 116
Congreso Nacional de Educación y Cultura, 129
Congreso nacional de estudiantes, 101
Congreso nacional obrero, 100
Congreso Nacional, 72
Congreso regional del Caribe y Centroamérica de la Juventud Obrera Católica, 112
Congreso regional obrero, 83
Congresos del Partido Comunista de Cuba, 132, 135, 138, 144, 145, 155
Consejo de Indias, 15, 17, 18
Conspiración del Club de La Habana, 66
Conspiración de Aponte, 55
Conspiración de Francisco Agüero y Andrés Manuel Sánchez, 60
Conspiración de la escalera, 64
Conspiración de Ramón de la Luz, 54
Conspiración de Soles y rayos de Bolívar, 58
Conspiración de Vuelta Abajo, 68
Conspiración del Águila Negra, 60
Conspiración Mina de la Rosa Cubana, 65
Conspiración preparada en los EE. UU., 69
Conspiración y Constitución del Ave María, 69, 70
Constitución de 1901, 72
Constitución de 1940, 81, 82
Constitución de Baraguá, 78
Constitución de Cádiz, 55, 59, 62
Constitución de Guáimaro, 74
Constitución de la República de Cuba 1902,

162

Constitución de La Yaya, 66
Constitución de Jimaguayú, 85
Constitución de Joaquín Infante, 55
Constitución de Narciso López, 52
Constitución del Nuevo Partido comunista de Cuba, 126
Constitución Pastor Aeternus, 75
Constitución socialista de 1976, 132, 133
Convención de Tersán, 73
Cortes extraordinarias de Cádiz, 54
Crisis azucarera, 50
Crisis cafetalera, 65
Crisis de los misiles, 125
Crisis del tabaco, 53
Crisis económica cubana, 53, 100, 145
Crisis económica mundial, 66, 103
Crisis en el Caribe, 136
Crisis en Polonia, 116
Crisis Real Compañía de Comercio de La Habana, 42
Cristianos y revolución, 115, 128, 129, 130, 133, 134, 136, 138, 139, 150
Cuádruple Alianza de Gran Bretaña, Francia, Portugal y España, 62
Cumbre Iberoamericana en La Habana (IX), 158

–D–

Danza de los millones, 98, 100
Declaración de guerra a los países del Eje: Japón, Alemania e Italia, 83
Declaración de guerra de EE. UU. a Alemania, 99
Declaración de Guerra de EE. UU. a España, 87
Declaración de guerra de Inglaterra a España, 43
Declaración de La Habana (I), 122
Declaración de La Habana (II), 125
Declaración de los Derechos Humanos, 48, 111
Decreto de colonización blanca, 56
Derechos del hombre y reconciliación nacional, 140
Desamortización de bienes eclesiásticos, 97
Despenalización de la tenencia de divisas, 111
Deuda externa, 137, 138
Diario de la Marina periódico, 65, 83

Directorio Estudiantil Universitario, 102, 103, 104
Directorio Revolucionario, 115, 116, 117
Disidencia Interna, 155, 156
División eclesiástica, 98
División en catorce provincias, 133
Doctrina Monroe, 58
Dudum siquidem, bula papal, 12

–E–

«El Americano Libre», revista, 58
«El amor todo lo espera», pastoral, 147
«El Caimán Barbudo», revista, 127
«El cubano libre», periódico de Bayamo, 72
«El Eco de Cuba», periódico de Nueva York, 70
«El Habanero», papel periódico, 48
«El Mensajero semanal», revista, 60
«El Mundo», diario, 95, 128
«El País», periódico autonomista, 81
«El plantel», revista, 63
«El Reconcentrado», semanario, 87
«El regañón de La Habana», 52
«El Siglo», diario, 71, 72
«El Triunfo», diario autonomista, 79
Elecciones Asamblea Constituyente, 106
Elecciones Chile, 142
Elecciones municipales, 98
Elecciones Nicaragua, 144
Elecciones Poder Popular, 132, 137, 146, 154, 156
Elecciones presidenciales de la República, 94, 106, 107, 112
Embarco comercial de EE. UU. contra Nicaragua, 138
Embargo comercial de EE. UU. contra Cuba, 53, 123, 140, 146, 153, 154, 159, 160, 165
Embargo comercial de la OEA contra Cuba, 110, 125, 131, 140
Emigración haitiana a Cuba, 98
Encomiendas, 15, 17, 18, 20
Encuentro conmemorativo del ENEC., 138
Encuentro Nacional Eclesial Cubano, 154
Enmienda Platt, 104
Esclavitud africana en las colonias francesas, 66

Esclavitud africana en las colonias inglesas, 61
Esclavitud africana en Cuba, 54, 64, 69, 73, 74, 75, 80, 81
Esclavitud de asiáticos, 66
Esclavitud de los indios, 12, 15, 16, 18, 19, 20, 21, 24, 29, 45, 66, 68
Esclavitud en EE. UU., 72
Esclavitud en Puerto Rico, 77
Escuela Normal en Guanabacoa, 70
«Espacios», revista, 156
Espiritismo, 70
Estadística escolar en La Habana (1816), 56
Estanco del tabaco, 39, 40, 53, 56
ETA, 160
Eurocomunismo, 133

–F–

Factoría de esclavos, 39
Factoría de tabaco, La Habana, 40, 46, 53
Facultades omnímodas al gobernador de Cuba, 55, 77
Federación de la Juventud Masculina de la Acción Católica, 118
Federación de las Juventudes de Acción Católica, 111
Federación Estudiantil Universitaria, 100, 114
«Fresa y chocolate», película, 148

–G–

«Gaceta de La Habana», 47
«Galvanic», vapor, 74
Granada, invasión por EE. UU., 136
«Granma», diario, 126, 147, 84
«Granma», yate, desembarco, 115
Guerra carlista, 63, 76, 78
Guerra Chiquita, 79, 80
Guerra Civil española, 105, 106
Guerra de Corea, 111
Guerra de Independencia (1895-1898)
Guerras de Independencia de la América Española, 54
Guerra de la oreja de Jenkins, 42
Guerra de los Diez Años, 73, 79
Guerra de Secesión, EE. UU., 71
Guerra de Sucesión, 38
Guerra de Vietnam, 123, 130
Guerra EE. UU.-Alemania, 99
Guerra España-Francia, 19, 49, 54
Guerra España-Inglaterra, 24, 42, 43, 50, 53
Guerra Hispano-Cubana, 84, 85
Guerra Hispano-cubana-norteamericana, 88, 89
Guerra liderada por Fidel Castro, 116, 120
Guerra mundial, 98, 99, 106, 108, 109

–H–

«Hoy», diario, 106, 126

–I–

Imprenta en Camagüey, primera, 55
Imprenta en Cuba, La Habana, primera, 40
Imprenta en Las Villas, primera, 61
Imprenta en Matanzas, primera, 55
Imprenta en Pinar del Río, primera, 65
Imprenta en Santiago de Cuba, primera, 49
In supremo apostolatus, bula papal sobre la esclavitud, 64
Indemnizaciones a la Iglesia católica, 97
Independencia de la América hispana, 59
Indios, 7, 10, 11, 12, 13, 14, 15, 17, 21, 34
Ingenios y trapiches, 17, 18, 25, 28, 39, 43, 50, 64, 57
Insurrección liberal, 96
Inter coetera, bula papal
Internacional, (I), 72
Internacional, (II), 82
Internacional, (III), 100
Invasión por Playa Girón, 123
Inversiones extranjeras, 147, 154

–J–

Jardín Botánico de La Habana, 56
Joven Cuba, 105
Junta Cubana de Nueva York, 67, 68, 69
Junta de Fomento, 60
Junta de Información, 73

Justicia y Paz, rama cubana, 115
Juventud Obrera Católica, 84, 86

–K–

Krausismo, 69

–L–

La Florida, 15, 19, 20, 22, 31, 44, 47, 52, 53, 57, 68, 83, 144
«La Fraternidad», periódico de Juan Gualberto Gómez, 79, 82
«La Igualdad», bisemanal de Juan Gualberto Gómez
«La moda o recreo semanal del bello sexo», revista, 60
«La política cómica», semanario, 84
«La Quincena», revista, 115, 120, 124, 125
«La Revista de Cuba», 78
«La verdad Católica», periódico, 70
«La verdad», periódico anexionista, 66
«La voz del pueblo cubano», periódico, 68
Lagunas de Varona, 77
Las vacas flacas, 100

Ley contra la vagancia, 130
Ley de inversión extranjera, 154
Ley del Patronato, 80, 82
Ley de Protección de la independencia nacional y la economía de Cuba, 157
Ley de reforma urbana, 123
Ley del Patronato, 80, 82
Leyes de Burgos, 14
Leyes de reforma agraria, 121, 126
Leyes del divorcio y del servicio militar obligatorio, 99
Leyes nuevas, 20, 21
Libertad de prensa, 54, 55, 57, 74, 75
Liceo Artístico y Literario de La Habana, 65
Liga anticlerical, 101
Liga Juvenil Comunista, 78
Luisiana, 44, 45, 52, 56

–M–

Madrid, Tratado de, 33
«Maine», acorazado, 84

Manifiesto de Montecristi, 88
Manifiesto del clero cubano (1898), 89
Manifiesto comunista, 66
Máquina de vapor en Cuba, primera, 50
Masonería, 56, 71, 80, 84, 90, 91, 103
Mercados agro-pecuarios, 151
Mercados libres campesinos, 133, 139
Milicia voluntaria de nobles vecinos, 67
Moncada, ataque al cuartel, 113, 115
Motín de Aranjuez, 53
Movimiento 26 de julio, 115, 116, 118
Movimiento de la Nación, 115
Movimiento de liberación radical, 114, 115
Movimiento demócrata-cristiano, , 107, 111, 122
Movimiento humanista, 111
Muralla de La Habana, 32, 33, 35, 42
Muro de Berlín, 123, 143

–N–

Nacionalizaciones, 108, 122, 123, 124
Naciones Unidas, 109, 110, 151, 155, 160
Navidad, fiesta nacional, 118, 119

–O–

OEA, embargo comercial y levantamiento de sanciones, 83, 95, 100
Orden Félix Varela, 136
Orden general de L. Wood, 89
Orientación ideológica del Partido Comunista, 155
«Orígenes», revista, 109

–P–

Pacto de familia con Francia, 43
Pacto Energético de Caracas, 160
Pacto del Zanjón, 78, 79
«Palabra nueva», revista, 146, 157
Papel periódico de La Habana, 36
París. tratado de paz, 44
Partido Comunista de Cuba, 101, 106, 126, 128, 132, 135, 144, 155
Partido del Pueblo Cubano (Ortodoxo), 110
Partido Independiente de Color, 97
Partido Liberal, 79, 80, 84, 95

Partido Liberal Autonomista, 84
Partido Liberal Nacional, 95
Partido Moderado, 96
Partido Obrero Socialista, 96
Partido Popular, 94, 95
Partido Popular Obrero, 95
Partido Reformista, 71, 72
Partido Reformista español, 83
Partido Revolucionario Cubano, 83, 84, 90
Partido Revolucionario Cubano (Auténtico), 104
Partido Socialista Cubano, 90, 94
Partido Socialista Popular, 109
Partido Unión Constitucional, 79
«Patria», periódico editado en Nueva York, 79
«Patria Libre», periódico, 75
Pena de muerte, 80, 108
«Pensamiento crítico», revista, 128
Perestroika, 137, 141
Período especial, 143
Perú-Mariel, 135
Piratería, corso, contrabando, filibusterismo, 24, 28, 29, 30, 31, 33, 41, 43, 131
Plan de Fernandina, 83
Poder Popular, 101, 104, 117, 118
Política y los católicos, la, 110, 129, 132
Pontificia Universidad de San Jerónimo, 41, 64
Primera emisora de radio, 100
Primeras emisoras de televisión, 111
Príncipe Claus, Fundación, 158
Prórroga de poderes de Machado, 102
Protesta de Baraguá, 78
Protesta de los trece, 101
Protesta de Santa Rita, 78
Protocolo de paz (1898), 89
Proyecto de Gobierno Autonómico, 55
Proyecto de Instrucción para el gobierno económico político de las provincias de ultramar, 58
«Puntero literario», revista, 61

–R–

Racionamiento, 125
Ratisbona, Tratado de, 34
Real Colegio de La Habana, 69
Real Compañía de Comercio de La Habana, 41
Real Consulado de Agricultura, Industria y Comercio, 49
Real Patronato Universal sobre la Iglesia en Indias, 29
Real Sociedad Patriótica de Amigos del País en Santiago de Cuba, 48
Real Sociedad Patriótica de La Habana, 48, 49, 52, 60, 61
Real y Literaria Universidad de La Habana, 14, 42, 64
Rectificación de errores, 139
Reflexión Eclesial Cubana, 136
Reforma protestante, 16
Relaciones diplomáticas entre Cuba y la Santa Sede, 105
Repartimientos de indios, 18
«Repertorio médico habanero», 64
Reporteros sin Fronteras, 159
República Popular China, 111
Resolución Conjunta del Congreso de EE. UU., 87
Reunión Interamericana de obispos, (XXVII), 157
Revista Bimestre Cubana, 61
Revista Cubana, 81
Revista de Avance, 102
Revista de La Habana, 68
Revolución de «La chambelona», 99
Ryswick, paz de, 35

–S–

Salidas de Cuba, 125, 150
San Ambrosio, colegio, 35, 46, 50, 52, 54, 57, 58, 59, 127, 130, 136, 139
San Basilio, colegio-seminario de Santiago de Cuba, 40, 42, 43, 66
San Carlos y San Ambrosio, seminario de La Habana, 35, 46, 52
San Francisco de Sales, colegio, 34
Sandinista, revolución, 135
Santiago del Prado, minas, 18, 25, 29, 41
Segunda Guerra mundial, 106, 108, 109
Segunda intervención norteamericana, 96, 97
Semana Social Católica, (I), 112
Semana Social Católica, (II), 151
Semana Social Católica, (III), 155

Semana Social Católica, (IV), 158
«Semanario Católico», 106. 112. 115
Sentencias de muerte y ejecuciones, 142
Sínodo diocesano, 34
Sociedad de Amigos de la República, 115
Sociedad de Naciones, 100
Sociedad Patriótica de La Habana, 48, 49, 52, 60, 61
Sublevación de La Granja, 62
Sufragio femenino, 100
Syllabus de errores, de Pío IX, 72

–T–

Tabaco, 12, 32, 38, 40, 41, 46, 53, 56, 72
Tordesillas, tratado de, 12
Tratado de amistad y cooperación con Rusia, 143
Tratado de París (España-EE. UU.), 90
Tratado de Reciprocidad Cuba-EE. UU., 82, 96
Tratado Hay-Quesada sobre Isla de Pinos, 101
Trienio liberal en España, 57

Tropas cubanas en Angola, 132, 143
Tropas cubanas en Etiopía, 133, 143

–U–

UMAP, 127
UNESCO, 113, 145
Unión Revolucionaria Comunista, 105
Unión Soviética, 101, 113. 125, 142
Universidad Católica de Rhode Island, 157
Universidad Católica de Villanueva, 110, 122
Universidad de Georgetown, 158
Universidad de San Jerónimo, 41, 64
Universidad del Aire, 104
Universidad Popular José Martí, 101
Universidad Social Católica, 117
Utrech, paz de, 39

–V–

Veteranos y patriotas, 101
Virgen de la Caridad del Cobre, 28, 34, 70, 89, 98, 99, 105, 112, 119, 134, 147, 152, 155, 156
«Virginius», buque, 77
Visita del Papa, 144, 156, 158
«Vitral», revista, 149, 158

–Z–

Zafra de los diez millones, 128, 129
Zanja Real, 21, 22, 23

ÍNDICE DE NOMBRES

–A–

Adams, John (Presidente de EE. UU.), 50
Adams, John Quincy (Presidente de EE. UU.), 59
Adriano V, Papa, 17
Agramonte y Loynaz, Ignacio, 64, 74, 76
Agüero, Arístides, 100
Agüero, Carlos, 85
Agüero, Francisco, 59
Agüero, Joaquín, 68
Aguilera, Francisco Vicente, 57, 78
Alameda, Cirilo, arzobispo de Santiago de Cuba, 61, 63
Alarcón, Ricardo, 138, 155
Albemarle (George Keppel, tercer conde de Albemarle), 44
Aldama, Miguel, 66
Alejandro VI, papa, 12
Alejandro VII, papa, 32
Alfonso XII, rey, 77, 79, 81
Alfonso XIII, rey, 81, 95
Alfonso, José Luis, 66
Allende, Salvador, (Presidente de Chile), 130
Alonso Ríos Guzmán, Francisco Bernardo, obispo, 33
Alquízar, Sancho de, gobernador, 20
Alsina Vda. De Grau, Paulina, 110
Alvarado, Pedro de, 15
Álvarez de Villarín, Pedro, gobernador, 38
Amadeo I de Saboya, rey de España, 75, 76
Amado Blanco, Luis, embajador, 125, 126
Angelini, Mons. Fiorenzo, 141
Antonelli, Juan Bautista, 24
Aponte, José Antonio, 55
Aramburo, Mariano, 100
Arango y Parreño, Francisco de, 45, 48, 49, 53, 54, 55, 57, 58, 60, 63
Arango, José Agustín, 59
Aranguren, Emilio, obispo, 153
Aristide, Jean Bertrand, Presidente de Haití, 144
Armenteros, Isidoro, 67
Arrate, José Martín Félix de, 43, 45, 60
Arteaga Betancourt, Manuel, obispo, cardenal, 98, 99, 104, 106, 107, 108, 109, 110, 112, 114, 124, 125, 141
Austria, Mariana de, regente, 33
Avellaneda, Gertrudis Gómez de, 65, 77
Aversa, Mons. José, Delegado Apostólico
Avila, Juan de, gobernador, 20
Azcárate, Nicolás, 79
Azcárate, S.J., Fernando, obispo, 128, 157
Aznar, José María, presidente español, 158

–B–

Bachiller y Morales, Antonio, 54, 61, 71
Baladrón, Carlos, obispo, 157
Balboa, Silvestre de, 29
Barnada, Francisco de Paula, 90, 98
Barrera, Diego, 48
Bassecourt, Juan Procopio, gobernador, 50
Batista, Diego José, cura de Bayamo, 74
Batista, Fulgencio, presidente, 104, 107, 112, 115, 116, 118, 119, 120
Batista, Rubén, revolucionario, 87
Bayona, conde de Casa, 41
Bellido de Luna, Juan, 68
Belt, Guillermo, 110
Benedetti, Mons. Pietro, Delegado Apostólico, 100
Benedicto XV, Papa, 98, 99
Benítez de Lugo, Pedro, gobernador, 38
Bermúdez, Anacleto, 68
Bernhardt, Sara, actriz francesa, 82
Betancourt Cisneros, Gaspar, 60, 66
Betto, Frey, 138

Biaín, O.F.M., P. Ignacio, 115, 120, 126
Bitrián de Viamonte, Juan, gobernador, 30
Blanco, Ramón, gobernador, 79, 86
Blank, Guillermo de, 100
Bobadilla, Isabel de, 20
Bolívar, Simón, 59, 60
Bonachea, Ramón Leocadio, 81
Bonaparte, José, rey de España, 54
Bonne Carcassés, Antonio, 155
Boza Masvidal, Eduardo, obispo, 122, 124, 140
Broderick, Buenaventura, obispo, 95, 96
Brooke, John R., gobernador, 90, 91, 94
Bucarely, Antonio María, gobernador, 45
Buchanan, James, presidente de EE. UU., 70, 71
Burzio, Giussepe, nuncio, 112
Bush, George, presidente de EE. UU., 141, 143, 160

–C–

Caballero, P. José Agustín, 44, 46, 48, 48, 50, 55, 62
Cabezas Altamirano, Juan, obispo, 28, 29
Cabrera, Lorenzo, gobernador, 62
Cabrera, Lydia, etnóloga, 115
Cabrera, Raimundo, 82
Cáceres, Alonso de, oidor, 23
Cagigal de la Vega, Juan Francisco, gobernador, 42
Cagigal, Juan Manuel, gobernador, 47, 57
Calcuta, M. Teresa de, 139
Calleja, Emilio, 81, 83
Calvar, Manuel de J., 61, 78
Calvo Lope, Primo, arzobispo de Santiago de Cuba, 72
Cambon, Jules, 89
Campa, Miguel Angel, 100
Cánovas del Castillo, Antonio, 81, 86
Canto, Enrique, 113, 116
Cañedo, Valentín, gobernador, 68
Cardjin, Joseph, fundador de la JOC, 68
Carlos I, rey, 16, 17, 22
Carlos II, rey, 33, 38
Carlos III, rey, 43, 45, 48
Carlos IV, rey, 17, 18, 20
Carlos V, rey, 11, 12, 13
Carneado, José Felipe, 137, 141, 142, 147
Carreño, Francisco, gobernador, 24
Carrillo, Santiago, 133
Carter, James, presidente de EE. UU., 132
Caruana, Jorge, nuncio, 102, 105, 110
Casal, Julián del, 83
Casaroli, Mons. Agostino, 131
Casas, Bartolomé de las, 15, 16, 78
Casas, Luis de las, gobernador, 48
Cassidy, Mons., 143
Castillo, Ignacio M. del, gobernador, 81
Castillo, Juan del, obispo, 22, 23
Castro, Fidel, 109, 113, 114, 115, 116, 118, 120, 121, 122, 123, 124, 125, 126, 127, 128, 129, 131, 132, 134, 135, 137, 138, 139, 141, 143, 144, 147, 152, 153, 155, 156, 160
Castro, Raúl, 155
Ceballos, Francisco, Capitán General, 46
Centoz, Luis, nuncio, 115, 125
Cervantes Carvajal, Leonel, obispo, 30
Cervera, Pascual, 88
Céspedes, Carlos Manuel de, 56, 73, 75, 76, 77, 105, 109, 116
Céspedes, Mons. Carlos Manuel, 141
Céspedes, Francisco J. de, 78
Chacón, Luis, castellano del Morro, 39
Chaves, Antonio de, gobernador, 21
Chávez, Hugo, presidente de Venezuela, 158, 160
Chibás, Eduardo, 110, 112
Chinchilla, José, gobernador, 82
Cienfuegos Jovellar, José, gobernador, 55
Cisneros Betancourt, Salvador, 60, 66, 74, 77
Cisneros, cardenal, regente, 16,
Claret, Antonio María, arzobispo de Santiago de Cuba, 67, 68, 69, 70
Clemente VII, papa, 17
Clemente XI, papa, 38
Clemente XII, papa, 41
Cleveland, Stephen Grover, presidente de EE. UU., 81, 83

Clinton, Bill, presidente de EE. UU., 145, 154
Colón, Cristóbal, 12, 14, 50
Colón, Diego, 15
Compostela, Diego Evelino de, obispo, 34, 35, 38
Concha, José Gutiérrez de la, gobernador, 67, 68, 69, 71, 77
Coolidge, Calvin, presidente de EE. UU., 101, 102
Córdoba Lazo de la Vega, Diego, gobernador, 35
Cortés, Hernán, 15, 17
Cortina, José A., 70
Cos Macho, José, arzobispo de Santiago de Cuba, 82
Cosa, Juan de la, cartógrafo, 14
Covarrubias, Francisco, actor, 46, 56
Crespo, Bartolomé José (Creto Gangá), actor, 66
Cristo, Luis Eduardo del, 68
Crombet, Flor, 82
Crowder, Enoch, embajador, 99
Cubí Soler, Mariano, 99

–D–

David, P. René, 136
Dávila Orejón Gastón, Francisco, gobernador, 33
Day, William H., 89
Dessalines, Jean Jacques, 53
Diago, Pedro, 57
Díaz Cía, Evelio, arzobispo de La Habana, 107, 121, 122, 124, 129, 137
Díaz de Espada, Juan José, obispo, 52, 53, 54, 57, 60, 61
Díaz de Salcedo, Antonio, obispo, 24
Díaz del Castillo, Bernal, cronista, 15
Díaz Vara Calderón, Gabriel, obispo, 22
Díaz, Antón, 35
Díaz, Porfirio, presidente de México, 78, 85, 97
Diego Bello, Caridad, 147
Domínguez, José M., obispo, 134, 139
Dorta Duque, Manuel, 106
Dorticós, Osvaldo, presidente, 121
Dulce, Domingo, gobernador, 72, 74, 75

–E–

Echevarría, José Antonio, escritor, 63
Echevarría, José Antonio, estudiante revolucionario, 114, 117
Echevarría, Santiago José, obispo, 46
Einaudi, Giulio, nuncio, 135
Eisenhower, Dwight D, presidente de EE. UU., 112, 116
Engels, Federico, 66
Enrico, Balduino, corsario, 30
Enriquillo, cacique indio de La Española, 19
Espada, obispo, ver Díaz de Espada
Espartero, Baldomero, 64
Espinosa, P. Manuel, 97
Estévez Pérez, Manuel, embajador, 136, 138
Estrada Palma, Tomás, presidente, 62, 78, 85, 94, 95, 96, 97
Estrada, Gabriel José, 49
Estrampes, Francisco, 68, 69
Etchegaray, Roger, cardenal, 142, 146, 151, 152
Ezpeleta, Joaquín de, gobernador, 63, 64
Ezpeleta, José, gobernador, 47

–F–

Facciolo, Eduardo, 68
Fajardo, Ramón, 81
Felipe II, rey, 22. 23, 24, 25
Felipe III, rey, 22, 28, 30
Felipe IV, rey, 30, 33
Felipe V, rey, 38, 39, 42
Feliu Centeno, Antonio, obispo de Santiago de Cuba, 48
Fernández Caballero de Rodas, Antonio, general, 75
Fernández de Córdoba y Ponce de León, José, 34
Fernández de Oviedo y Valdés, Gonzalo, historiador, 18
Fernández de Piérola, Ramón, obispo de La Habana, 80
Fernández Varela, Angel, 110
Fernando el Católico, rey, 14, 16
Fernando VI, rey, 42, 43, 53

Fernando VII, rey, 53, 54, 55, 56, 58, 61, 62
Ferrer, Buenaventura Pascual, 52
Figueredo, Perucho, 73
Fillmore, Millard, presidente de EE. UU., 67
Finlay, Carlos J., 61, 72, 80, 96, 99
Fleix y Soláns, Francisco, obispo de La Habana, 62
Flores de Aldana, Rodrigo, gobernador, 33
Fondesviela, Felipe, Marqués de la Torre, gobernador, 46
Forcade, Alfonso, embajador, 111
Foyaca, S. J., P. Manuel, 107
Franco, Francisco, 106, 122, 131
Frías y Jacott, Francisco, Conde de Pozos Dulces, 68, 71, 72
Fríguls, Juan Emilio, periodista, 151
Funes de Villalpando, Ambrosio, Conde de Ricla, gobernador, 44

–G–

Gálvez, Bernardo, 47
Gálvez, José María, 87
Gant, Carlos, corsario, 38
Gantín, cardenal Bernardin, 134, 153
García Bárcena, Rafael, profesor, político, 115
García de Palacios, Juan, obispo, 34
García Ibáñez, Dionisio, obispo, 154
García Iñiguez, Calixto, general, 63, 76, 77, 79, 80, 86, 90
García Menocal, Mario, 98
García Osorio, Francisco, gobernador, 22
García Valdés, José de Jesús, 68
García, Vicente, general, 61, 77, 78, 79
Garfield, James Abram, presidente de EE. UU., 80
Gelder, Francisco, gobernador, 32
Gener, Tomás, diputado, 58
Girón, Gilberto, pirata, 28
Goicuría, Domingo, 70
Gómez Báez, Máximo, general, 62, 74, 76, 77, 79, 81, 83, 84, 85, 86, 87, 90, 84, 96
Gómez Lobo, Hernando, 18
Gómez Manzano, René, 155
Gómez Santos, Isidro, embajador, 158

Gómez Toro, Francisco, 86
Gómez Treto, Raúl, 147
Gómez, José Miguel, presidente, 97
Gómez, Juan Gualberto, 79, 82, 83
Gómez, Miguel Mariano, alcalde, presidente, 105
González Bacallao, José Siro, obispo, 160
González Estrada, Pedro, obispo, 95, 101
González, Elián, 159
Gorbachov, Mijail, 137, 143, 145
Govín, Rafael, 95
Grant, Ulysses Simpson, presidente de EE. UU. , 75
Grau San Martín, Ramón, presidente, 104, 109, 110
Graydon, almirante, 38
Gregorio XIII, papa, 23
Gregorio XV, papa, 30
Gregorio XVI, papa, 61, 63
Grijalva, Juan de, 12
Guamá, 19
Guardia, Patricio de la, 155
Guazo Calderón, Gregorio, gobernador, 29, 30
Güemes y Horcasitas, Francisco, gobernador, 41, 42
Guerra, Ambrosio, obispo, 99
Guevara, Che, 126, 128
Guiteras, Antonio, 104, 105
Gutiérrez Alea, Tomás, cineasta, 154
Gutiérrez, Nicolás J., 64
Guzmán, Gonzalo de, gobernador, 18, 19

–H–

Habré, Carlos, impresor, 40
Harding, Warren H., presidente de EE. UU., 100, 101
Harrison, Benjamín, presidente de EE. UU., 82
Harrison, William Henry, presidente de EE. UU., 64
Hassier, almirante, 40
Hatuey, 15
Hayes, Rutherford Birchard, presidente de EE. UU., 78
Hein Piet, corsario, 30
Helms, Jesse, 154

Hendricksz, almirante, 30
Henríquez de Armendáriz, Alonso, obispo, 29
Heredia, José María, poeta, 52, 58, 63
Hernández de Córdoba, Francisco, 15
Herrera Hernández, Hermes, embajador, 145
Hevia, Carlos, presidente, 104
Hitler, Adolfo, 104
Hoover, Herbert Clark, presidente de EE. UU., 102
Humboldt, Alejandro de, 52, 53, 59, 60

–I–

Infante, Joaquín, 54, 55
Inocencio X, papa, 31
Isabel II, reina, 61, 64, 67, 74
Isabel la Católica, reina, 14
Iturbide, Agustín, emperador de México, 57
Izaguirre, P. Maximiliano, 73

–J–

Jackson, Andrew, Presidente de EE. UU., 60
Jaruco, Conde de, 50, 55
Jáuregui, Andrés de, 54
Jefferson, Thomas, presidente de EE. UU., 53
Jiménez Castellanos, Adolfo, gobernador, 91
Johnson, Andrew, presidente de EE. UU., 72
Johnson, Lyndon B., presidente de EE. UU., 125
Jol, Cornelius, corsario, 30, 31
Jorge III, rey de Gran Bretaña, 44
Jovellar, Joaquín, gobernador, 59
Juan Carlos I, rey, 158
Juan Pablo I, papa, 133
Juan Pablo II, papa, 133, 134, 136, 42, 143, 144, 145, 146, 148, 149, 150, 151, 152, 155, 156, 157, 158
Juan XXIII, papa, 118, 121, 124, 125
Juárez, Benito, presidente de México, 54
Julio II, Papa, 14

–K–

Kennedy, John F., presidente de EE. UU., 123, 125
Keppel, Guillermo, Mayor general del ejército británico, 44
Kindelán, Sebastián, gobernador, 58
King, Martin Luther, 128
Knowles, almirante, 42
Knox Polk, James, Presidente de EE. UU., 65
Kruschev, Nikita, 114, 116

–L–

La Chapelle, Plácido, Delegado apostólico, 90, 91
Laigueglia, Giussepe, Nuncio, 135
Lanza de Montezemolo, Andrea, 138
Laredo Bru, Federico, presidente, 105
Lares, Amador de, 15
Lasso de la Vega, Juan, obispo, 41
Lee, General Fitzhugh, 87
Lemus, José Francisco, 58
Lence, P. Germán, 123
Lenin, V. I., 101
León X, papa, 15, 16
León XII, papa, 58
León XIII, papa, 83, 85, 87, 90
León, Hermano De La Salle, 105, 112
Lersundi, Francisco, gobernador, 73
Lincoln, Abraham, presidente de EE. UU., 71, 72
Llorente y Miguel, Pedro, nombrado obispo de Santiago de Cuba, 76
López, Narciso, 48, 64, 65, 66, 67, 68, 74
Loredo, P. Miguel Ángel, 127, 133
Lorenzo, Manuel, gobernador de Santiago de Cuba, 48
Loveira, Carlos, 100
Luján, Gabriel de, gobernador, 24
Luna Sarmiento, Alvaro de, gobernador, 31
Lutero, Martín, 16
Luz y Caballero, José de la, 52, 59, 61, 62, 63, 66, 71
Luz, Román de la, 54

–M–

Maceo, Antonio, general, 65, 75, 76, 77, 78, 79, 81, 82, 83, 84, 85, 86, 90
Machado, Gerardo, presidente, 101, 102, 103, 104
Madison, James, presidente de EE. UU., 54
Magoon, Charles E., gobernador, 96, 97
Mahy, Nicolás, gobernador, 100, 101
Maldonado Barnuevo, Juan, gobernador, 25
Manrique Lara, Jerónimo, obispo, 30
Manrique, Diego, gobernador, 45
Manzaneda Salinas y Rojas, Severino de, 35
Manzano, Joaquín del, segundo cabo, 73
Mañach, Jorge, 87, 115, 124
Marcelo II, papa, 22
María Cristina de Nápoles, reina gobernadora, 61
Marín, Sabas, gobernador, 82, 84
Marinello, Juan, 105, 108
Maritain, Jacques, 111
Marqués González, Vicente González y Bassecourt, defensor del Morro de La Habana, 44
Márquez Sterling, Adolfo, 79
Martí, José, 68, 72, 75, 76, 79, 80, 83, 84, 90, 101, 113, 122, 154
Martín Herrera de la Iglesia, José, arzobispo de Santiago de Cuba, 77
Martín Villaverde, Alberto, obispo, 106, 121, 123
Martínez Campos, Arsenio, gobernador, 78, 79, 84, 85
Martínez Dalmau, Eduardo, obispo, 105, 108, 121
Martínez de la Vega, Dionisio, gobernador, 40
Martínez de Pinillos, Claudio, Conde de Villanueva, 58, 59
Martínez Sáez, Jacinto, obispo, 72, 75, 76
Martínez Villena, Rubén, 104
Mas Canosa, Jorge, 154
Masó, Bartolomé, 61, 94
Maura, Antonio, 147
Max Karl, 66

Mazariegos, Diego de, gobernador, 21
McKinley, William, presidente de EE. UU., 86, 87, 89, 90, 94
Mella, Julio Antonio, 101, 103
Mendieta, Carlos, presidente, 104, 105
Mendive, Rafael María, 68, 72
Menéndez de Avilés, Pedro, conquistador de la Florida, 22
Menocal, Mario G., presidente, 98, 99
Mermoz, Guillermo, 21
Meurice, Pedro, arzobispo, 158
Mexía de Trillo, Pedro, provincial de la orden de San Francisco, 18
Mikoyan, Anastas, 122
Monroe, James, presidente de EE. UU., 56, 58
Montaño Blázquez, Juan, gobernador, 52
Monte, Domingo del, 61, 66, 68
Monte, Ricardo del, 81
Montesinos, Antón de, fraile dominico, 15
Montiel, Juan, obispo, 32
Morales Gómez, José Miguel, 110
Morales Valcárcel, René, embajador, 105
Morales, Nicolás, 49
Morell de Santa Cruz, Pedro Agustín, obispo, 41, 43, 44, 45
Moreno Fraginals, Manuel, historiador, 139
Morgan, Henry, pirata, 32
Mosquera, Juan, 17
Müller San Martín, Alfredo, obispo, 111
Muro y Salazar, Salvador de, Marqués de Someruelos, gobernador, 50, 54
Mussolini, Benito, 100, 103
Myngs, 33

–N–

Napoleón I, Bonaparte, 53, 55
Narváez, Pánfilo, conquistador, 17
Navarro García Valdés, Diego, gobernador, 47
Negueruela Mendi, Manuel, arzobispo de Santiago de Cuba, 71
Nixon, Richard, presidente de EE. UU., 128, 131
Noriega, Manuel A., 142

Nouel Bobadilla, Adolfo, Delegado Apostólico, 98
Núñez, Emilio, 80

–O–

O'Connor, cardenal John J., 141, 143
O'Donnell, Leopoldo, gobernador, 64, 66
O'Gavan, Juan Bernardo, 54
O'Reilly, Alejandro, 45
Ocampo, Sebastián de, explorador, 14
Oddi, Silvio, Nuncio, 125
Ortega, cardenal Jaime, arzobispo de La Habana, 136, 142, 144, 149, 150, 151, 152, 155, 156, 157
Ortiz, Fernando, 96, 129
Orúe Vivanco, Braulio, obispo, 95, 96
Osés Alzua, Joaquín, 1er. Arzobispo de Santiago de Cuba, 49, 52
Ovando, Nicolás de, gobernador de las Indias, 14
Oves Fernández, Francisco, arzobispo, 130, 133, 134, 136

–P–

Pablo III, papa, 19, 20
Pablo IV, papa, 22
Pablo V, papa, 28
Pablo VI, papa, 125, 128, 131, 132, 133
Padilla, Heberto, 130, 160
País, Frank, 116
Palma, Ramón, 63
Paradas, Francisco de, 23
Parra, Antonio, 48
Peña Gómez, Héctor, obispo, 135
Peña, Lázaro, 108
Pérez de Angulo, Gonzalo, gobernador, 21
Pérez Serantes, Enrique, arzobispo, 100, 111, 113, 119, 120, 121, 128
Pezuela, Juan de la, gobernador, 68, 69
Pichardo, Esteban, 62
Pieltain, Cándido, gobernador, 77
Pierce, Franklin, presidente de EE. UU., 69
Pinochet, Augusto, 131
Pintó, Ramón, 69
Piñera, Walfredo, 151
Pío IV, papa, 22

Pío V, papa, 22
Pío VI, papa, 46
Pío VII, papa, 52, 53
Pío VIII, papa, 60
Pío IX, papa, 66, 72
Pío X, papa, 95, 97, 98
Pío XI, papa, 100, 101, 103, 106
Pío XII, papa, 106, 109, 110, 114
Pironio, cardenal Eduardo, 129, 139
Pita y Borroto, Santiago, 49
Pockoc, George, almirante británico, 44
Poey, Felipe, 50, 70, 83
Polavieja, Camilo, gobernador, 82
Polk, James Knox, presidente de EE. UU., 65
Ponce de León, Juan, navegante español, 15
Portuondo Barceló, M., 89
Portuondo, José Antonio, 132
Prado Portocarrero, Juan del, gobrnador, 43, 44
Prego Casals, Fernando, obispo, 153, 157
Prendergast, Luis, gobernador, 79
Prim y Prats, Juan, militar español, 73
Prío Socarrás, Carlos, presidente, 111, 112
Putin, Vladimir, presidente de Rusia, 160

–Q–

Quesada, Manuel de, 74
Quintín Suzarte, José, 71
Quitman, John A., general norteamericano, 67, 69

–R–

Raja, Vicente, gobernador, 39
Ramírez de Salamanca, Miguel, obispo, 18, 19
Ramírez, Alejandro, intendente de Hacienda, 55, 46, 57
Ramírez, Manuel, 54
Reagan, Ronald, presidente de EE. UU., 135, 136
Recio, Antón, 23
Reina Maldonado, Pedro, obispo, 32
Reina, Casiodoro de, 23
Rentería, Pedro de, 15

Retortillo, José Luis, 70
Reyes Católicos (Fernando e Isabel), 12, 14
Reynoso, Alvaro, 71
Rezino, Dionisio, obispo auxiliar, 39
Riaño y Gamboa, Francisco, gobernador, 31
Ricafort, Mariano, gobernador, 61
Riego, Rafael del, 57
Río Chaviano, Alberto del, militar, 113
Riu Anglés, Carlos, obispo, 111, 126
Riverón Cortina, Salvador, obispo, 158
Roa, Raúl, 125, 127
Robles Díaz, Luis, Nuncio, 158
Roca Antúnez, Vladimiro, 155
Roca, Blas, 137
Rodney, almirante, 47
Rodríguez Arias, Alejandro, gobernador, 83
Rodríguez de Ledesma, Francisco, 33
Rodríguez de Olmedo y Valle, Mariano, obispo de Santiago de Cuba, 59
Rodríguez Herrera, Adolfo, arzobispo, 137, 157
Rodríguez Paz, F., embajador, 142
Rodríguez Rozas, Manuel, obispo, 136
Rodríguez, Carlos Rafael, 137
Rodríguez, Gaspar Antonio, 59
Rodríguez, Lester, 116
Rojas, Alonso, 23
Rojas, Juan de, 23
Rojas, Manuel, gobernador, 17
Romay, Tomás, 45, 53, 67
Roncali, Federico, conde de Alcoy, gobernador, 51
Roosevelt, Franklin Delano, presidente de EE. UU., 104, 105, 107, 109
Roosevelt, Teodoro, presidente de EE. UU., 94, 96
Roque, Jean François de la, 20
Roque, Marta Beatriz, 155
Roth, Carl Johan, 155
Ruiz de Apodaca, Juan, gobernador, 55
Ruiz de Pereda, Gaspar, gobernador, 29
Ruiz Rodríguez, Manuel, arzobispo, 96, 101, 102, 106, 122
Ruiz Velasco, José, embajador, 122

–S–

Saco, José Antonio, 50, 60, 61, 62, 63, 65, 66, 67, 68, 70
Sáenz de Urturi, Francisco, arzobispo, 683, 88, 90
Sagasta, Práxedes Mateo, político español, 62, 63, 65, 66
Sagra, Ramón de la, naturalista, 60
Sainz Bencomo, Severiano, obispo, 98, 105
Sainz Muñoz, Faustino, Nuncio, 142
Salamanca, Juan, gobernador, 32
Salamanca, Manuel, 82
Salas, Esteban, músico, 45
Sánchez de Moya, Francisco, 25
Sánchez Echavarría, Urbano, 89
Sánchez Santa Cruz, Elizardo, 156
Sánchez, Limbano, 81
Sánchez, Manuel Andrés, 59
Sanguily, Manuel, 83
Santa Cruz y Montalvo, María de las Mercedes, Condesa de Merlín, 48, 65, 68
Santander y Frutos, Manuel, obispo, 82, 84, 85, 88, 89
Santander, Francisco de Paula, presidente de Colombia, 58
Santo Matías Sáenz de Mañosca, Juan, obispo, 33
Santos Suárez, Leonardo, diputado, 58
Sanz del Río, Julián, 69
Sardiñas, P. Guillermo, 116, 126
Sarmiento, Diego, obispo, 19, 20, 21
Sbarreti Tazza, Donato, obispo, 94, 95
Scott, Hugo L., 91
Serra, P. Manuel, escolapio, 100
Serrano Díaz, Apolinar, obispo, 77
Serrano, Francisco, Duque de la Torre, gobernador, 71, 74
Siscara, Juan de, 33
Sixto V, papa, 24
Sores, Jacques de, corsario, 21
Soto, Hernando de, gobernador, 19, 20
Spotorno, Juan B., presidente de la República en armas, 61, 77
Stalin, José, 101, 114, 116
Stella, Mons. Benjamín, Nuncio, 145, 158
Suárez de Poago, Melchor, juez, 28
Suárez Romero, Anselmo, novelista, 80
Sucre, Antonio José de, 59

Summer Welles, Benjamín, embajador, 104

–T–

Tacón, Miguel, gobernador, 62, 63
Taffi, Antonio, Nuncio, 110
Tagliaferri, Mario, Nuncio, 131, 135
Tamayo, Diego, 97
Taylor, Zachary, presidente de EE. UU., 67
Tejeda, Juan de, gobernador, 24
Tejera, Diego Vicente, 90
Téllez Girón, Pedro, Príncipe de Anglona, gobernador, 64
Tetzel, Juan, 20, 23
Teurbe Tolón, Miguel, 58, 66
Tineo, Juan A., gobernador, 42
Torre Muñoz, Nicolás de la, obispo, 32
Torres de Ayala, Laureano, gobernador, 38, 39
Torres y Sanz, Aurelio, obispo, 96
Torres, P. Camilo, 130
Torricelli, Ley, 146
Torriente, Cosme de la, 100
Torriente, Ricardo, dibujante, 84
Toussaint L'Ouverture, 49, 52
Trejo, Rafael, 103
Trespalacios, Felipe José de, 1er obispo de La Habana, 48, 50
Trochi, Tito, Nuncio, 98
Trujillo, Enrique, 85
Truman, Harry S., presidente de EE. UU., 109
Turnbull, David, cónsul inglés, 64

–U–

Ubite (Witte), Juan de, obispo, 16, 17, 18
Uranga, Fernando de, obispo, 21
Urbano VIII, papa, 30
Urrutia, Manuel, presidente, 121
Usera, P. Jerónimo, 66

–V–

Valdés Hernández, Dagoberto, 158, 159
Valdés, Antonio J., historiador, 55
Valdés, Gabriel de la Concepción ("Plácido"), poeta, 65
Valdés, Jerónimo Nosti, obispo, 38, 39, 40
Valdés, Jerónimo, gobernador, 64
Valdés, José Olallo, 143
Valdés, Pedro, gobernador, 28
Valero, Antonio, 59
Valiente, José Pablo, Intendente de Hacienda, 48
Valiente, Porfirio, 68
Valle, P. Raúl del, 141
Van Buren, Martin, presidente de EE. UU., 63
Varela Morales, P. Félix, 48, 52, 54, 55, 56, 57, 58, 59, 60, 62, 68, 81
Varona, Enrique José, 67, 80, 81
Vázquez de Cuéllar, Diego, conquistador de Cuba, 15, 16, 17
Vázquez, O.P., Francisco, 77
Velasco, Luis de, defensor del Morro de La Habana, 44
Velázquez, Miguel de, 21
Vélez, Pbro. Justo, 57
Venegas, Francisco, gobernador, 30
Vermay, Juan Bautista, pintor, 55, 56, 60, 61
Vernon, almirante, 42
Victorino, Hermano De La Salle, 109
Villalba Toledo, Diego de, gobernador, 31
Villalpando y Talavera, Bernardino de, obispo, 22
Villate, Blas, Conde de Valmaseda, gobernador, 73, 75, 77
Villaverde, Cirilo, novelista, 63, 80
Vilnet, Mons. Jean, 137
Vitier, José María, músico, 155
Vitoria, Francisco de, 20, 22
Vives, Francisco Dionisio, gobernador, 58, 59

–W–

Walker, almirante, 38
Warren Currier, Carlos, obispo, 98
Washington, George, presidente de EE. UU., 48
Weyler, Valeriano, gobernador, 85, 86, 87

Wilson, Thomas W., presidente de EE. UU., 98, 99
Wood, Leonard, gobernador, 89, 91

–Y–

Yeltsin, Boris, 145

–Z–

Zacchi, Cesare, Nuncio, 79, 125, 126, 127, 131
Zayas Bazán, Carmen, esposa de Martí, 79
Zayas, Alfredo, presidente, 100
Zenea, Juan Clemente, poeta, 76
Zubizarreta, Valentín, obispo, 98, 100, 101, 111

FUENTES

Agramonte, Roberto. Tabla cronológica biobliográfica, en «José Agustín Caballero y los orígenes de la conciencia cubana», La Habana, 1952.
Alfonso, Pablo M., «Cuba, Castro y los católicos», Ediciones Hispa-American Books, Miami, 1985.
Álvarez Tabío, Fernando, «Comentario a la Constitución socialista», Editorial de Ciencias Sociales, La Habana, 1981.
Arango y Parreño, Francisco, «Obras», La Habana, 1888.
Arrate, José Martín Félix de, «Llave del Nuevo Mundo», Fondo de Cultura Económica, Biblioteca Americana, México, 1949.
Basulto Rodríguez, Salvador, «Cronología eclesiástica de Cuba (1492-1958)», Camagüey, 1960.
Boudet, Jacques, «Cronología Universal Espasa», Madrid, 1997.
Boza Masvidal, Mons. Eduardo, «Voz en el destierro», Editorial revista Ideal, Miami, 1976.
Canto Bory, Enrique, «Mi vida», publicación de Fernando Canto Martí, Puerto Rico, 1993.
Castellanos García, Gerardo, «Panorama histórico». Ensayo de cronología cubana. Desde 1492 hasta 1933, Ucar García, La Habana, 1934.
Castro, Fidel, «Discursos», tomo I, Editorial de Ciencias Sociales, La Habana, 1976.
Colón, Cristóbal, «Los cuatro viajes del Almirante y su testamento». Edición y prólogo de Ignacio B. Anzoátegui, 4ª edición, Colección Austral Nº 633, Espasa Calpe, Madrid, 1964.
Comín, Alfonso, «Cuba entre el silencio y la utopía. Notas de viaje», Ediciones LAIA, Barcelona, 1979.
Constitución de la República de Cuba, Editora Política, La Habana, 1992.
Constituciones cubanas, desde 1812 hasta nuestros días, edición e introducción del Dr. Leonel Antonio de la Cuesta, Ediciones Exilio, New York, 1974.
Cronología, años de Revolución, 1959, 1983, Editora política, La Habana, 1982.
Cronología de la Revolución, 1984, 1989, Editora política, La Habana, 1991.
Culla, Juan B. «El mundo contemporáneo, Grandes textos y documentos políticos», Círculo de lectores, Barcelona, 2000.
Dewart, Leslie, «Cristianismo y revolución», Editorial Herder, Barcelona, 1965.
Encuentro Nacional Eclesial Cubano. Documento Final e Instrucción pastoral de los obispos, Tipografía Don Bosco, Roma, 1987.
«Obispo Espada. Ilustración, reforma y antiesclavismo», selección, introducción y notas de Eduardo Torres Cuevas, Palabra de Cuba, Editorial de Ciencias Sociales, La Habana, 1990.

Fernández Almagro, Melchor, «Historia política de la España contemporánea, 1868-1885", el Libro de Bolsillo, Alianza Editorial, tercera edición, Madrid, 1972.
Fernández, Manuel, «Religión y Revolución en Cuba», Saeta ediciones, Miami-Caracas, 1984.
Fernández Santalices, Manuel, «Las calles de La Habana intramuros, arte, historia y tradiciones en las calles y plazas de La Habana vieja», Saeta ediciones, Miami, 1989.

_____«Las antiguas iglesias de La Habana, tiempo, vida y semblante», Ediciones Universal, Miami, Florida, 1997.
_____«Bibliografía del P. Félix Varela», Saeta ediciones, Miami, 1991.
Ferrara, Orestes, «Tentativas de intervención europea en América (1896-1898)», La Habana, Editorial Hermes, 1935.
«Fidel y la religión, conversaciones con Frei Betto», Oficina de Publicaciones del Consejo de Estado, La Habana, 1985.
Franqui, Carlos, «Diario de la Revolución cubana», Ediciones R. Torres, Barcelona, 1976.
Galeana, Patricia (compiladora), «Cronología Iberoamericana (1893-1992)», Fondo de Cultura Económica, Colección Tierra Firme, México, 1993.
García de Cortázar, Fernando, y Lorenzo Espinosa, José María, Cuadro cronológico (1945-1994), en «Historia del mundo actual», Círculo de Lectores, Barcelona, 1994.
Gómez Treto, Raúl, «La Iglesia católica durante la construcción del socialismo en Cuba», Editorial Departamento Ecuménico de Investigaciones (DEI), San José, Costa Rica, 1987.
González Vesga, José Manuel, «Breve Historia de España», Círculo de Lectores, Barcelona, 1995.
Grupo Areíto, «Cronología de eventos», en «Contra viento y marea», Ediciones Casa de las Américas, La Habana, 1978.
Guerra, Ramiro, «Manual de historia de Cuba», Editorial de Ciencias Sociales, La Habana, 1971.
_____«Guerra de los diez años», tomos 1 y 2, Editorial de Ciencias Sociales, La Habana, 1972.
_____«En el camino de la independencia», Editorial de Ciencias Sociales, La Habana, 1974.
Hageman, Alice L. / Wheaton, Philip E. (Comp.), «Cuba: la religión en la Revolución», Granica editor, Buenos Aires, 1974.
Hales, E.E.Y., «La Iglesia católica en el mundo moderno», Ediciones Destino, Barcelona, 1962.
Hernández, José M., «ACU, Agrupación Católica Universitaria: los primeros ciencuenta años», Miami, Florida, 1981.
Ibarra Martínez, Francisco, «Cronología de la Guerra de los Diez Años», Instituto Cubano del Libro, Editorial Oriente, Santiago de Cuba, 1976.
Juventudes de Acción Católica Cubana, Memoria de las Bodas de Plata, La Habana, 1953.
Las luchas estudiantiles universitarias, 1923-1934", compilación de Olga Cabrera y Carmen Almodóbar, Editorial de Ciencias Sociales, La Habana, 1972.
Lebroc Martínez, Reinerio, «Episcopologio», Ediciones Hispamerican Books, Miami, 1985.
Ley de nacionalización de la enseñanza (6 de junio de 1951), en «Seis leyes de la Revolución», Editorial de Ciencias Sociales, La Habana, 1973.
Llerena, Mario, «La revolución insospechada. Origen y desarrollo del castrismo», Editorial universitaria de Buenos Aires, 1981.
Marrero Levi, «Tablas sincrónicas de la historia de Cuba (1492-1600), (1601-1700), (1701-1763), (1763-1869)», en «Cuba, economía y sociedad», Editorial Playor, S.A., t.2, 1974, t.5, 1976, t.8, 1976, t.15, 1992, Barcelona y Sto. Domingo (Rep. Dominicana).

Martínez Arango, Felipe, «Cronología crítica de la guerra Hispano-cubanoamericana, Editorial de Ciencias Sociales, La Habana, 1973.
Masó, Calixto, «Historia de Cuba», Ediciones Universal, Miami, Florida, 1976.
Morell de Santa Cruz, «La visita eclesiástica», selección y notas de César García del Pino, Palabra de Cuba, Editorial de Ciencias Sociales, La Habana, 1985.
Núñez Jiménez, Antonio, «Piratas en el archipiélago cubano», Editorial Gente Nueva, La Habana, 1986.
Orella Martínez, José Luis, «Cronología del siglo XX», en «El siglo XX, Diez episodios decisivos», El libro de bolsillo N° 4750, Alianza Editorial, Madrid, 1999.
Padrón Larrazábal, Roberto, «Manifiestos de Cuba», Universidad de Sevilla, 1975.
Paranagua, Paulo Antonio, «Cinéma, culture et sociète a Cuba: tableau synoptique», en «Le cinéma cubain», Centre Georges Pompidou, París, 1990.
Pérez Guzmán, Francisco, «La aventura cubana de Cristóbal Colón», Editorial de Ciencias Sociales, La Habana, 1992.
Pérez Varela, Mons. Angel, «Miren que envío a mi mensajero», La Habana, 1985 (mimeografiado).
Pichardo, Hortensia, «Documentos para la historia de Cuba», t. II y IV, Editorial de Ciencias Sociales, La Habana, 1976.
Pichardo Viñals, Hortensia, «La fundación de las primeras villas de la Isla de Cuba», Editorial de Ciencias Sociales, La Habana, 1976.
«Por qué reforma agraria», Buró de Información y Propaganda, Agrupación Católica Universitaria, folleto N° 23, autores: Melchor W. Gastón, Oscar A. Echevarría, René F. de la Huerta, tercera edición, Habana, s/f. (Encuesta realizada en 1957).
Portell Vilá, Herminio, «Historia de Cuba en sus relaciones con los Estados Unidos y España», tomo IV: la intervención y la República, facsímil de la primera edición (1941), Mnemosyne Publishing Inc., Miami, Florida, 1969.
Portuondo, Fernando, «Historia de Cuba», 5ª edición, Editorial Minerva, La Habana, 1953.
Portuondo, Yolanda, «Guillermo Sardiñas, el sacerdote comandante», Ediciones Cultura Popular, La Habana, 1987.
«Primer catálogo de las obras sociales católicas de Cuba, compuesto por el Secretariado Económico-Social de la Junta Nacional de Acción Católica Cubana», Editorial Lex, La Habana, 1953.
Ramos, Marcos Antonio, «Panorama del protestantismo en Cuba», Editorial Caribe, San José, Costa Rica, 1986.
«La religión en la cultura», Departamento de Estudios Sociorreligiosos, Centro de Investigaciones Psicológicas, Editorial Academia, La Habana, 1990.
Riesgo, Rodolfo, «Cuba: el movimiento obrero y su entorno político (1865-1983)», Saeta Ediciones, Colección realidades, Miami, Caracas, 1985.
Ruiz de Lira, Rafael, «Colón, el Caribe y las Antillas», «Historia de América Latina. Hechos, documentos, polémica» (III), Editorial Hernando, Madrid, 1978.
Santovenia, Emeterio S., «Armonías y conflictos en torno a Cuba», Fondo de Cultura Económica, Colección Tierra Firme, México, 1956.
Sarracino, Rodolfo, «La Guerra Chiquita: una experiencia necesaria", Editorial Letras Cubanas, La Habana, 1982.
Segunda Semana Social Católica, ponencias y líneas de acción, Ediciones Vitral, Pinar del Río, diciembre 1994.

II Congreso del Partido Comunista de Cuba, documentos y discursos, Editora Política, La Habana, 1981.
Tabares del Real, José A., «La revolución del 30: sus dos últimos años, Editorial de Ciencias Sociales, La Habana, 1973.
Tesis y resoluciones, Primer Congreso del Partido Comunista de Cuba, Editorial de Ciencias Sociales, 1981 (reimpresión).
Testé, P. Ismael, «Historia eclesiástica de Cuba», t. 1, tipografía de la editorial «Monte Carmelo», Burgos, 1969; t. V, Complejo de Artes Gráficas Medinacelli, S.A., Barcelona, 1974.
Valle, Pbro. Raúl del, «El Cardenal Arteaga. Resplandores de la púrpura cubana», La Habana, 1954.
«Voz de la Iglesia en Cuba, 100 documentos episcopales», Obra Nacional de la Buena Prensa, A.C., México D.F., 1995.

Publicaciones periódicas

Acta Apostolica Sedis, Città del Vaticano.
AICA (Agencia Informativa Católica Argentina), Buenos Aires.
Anales de la Academia de la Historia de Cuba, La Habana.
Anuario Pontificio, Città del Vaticano.
Aquí la Iglesia, La Habana.
Bohemia, La Habana.
Boletín Eclesiástico del Obispado de La Habana.
Carteles, La Habana.
CIDOC (Centro Intercultural de Documentación), Cuernavaca, México.
CUBA, Boletín informativo de la Embajada de Cuba, Madrid.
Cuba Contemporánea, La Habana.
Cuba Internacional, La Habana.
Diario de las Américas, Miami.
Etnología y Folklore, La Habana.
Granma, La Habana.
ICIA (Información Católica Iberoamericana), Madrid.
Memoria del Colegio De La Salle, Vedado, La Habana.
Mensaje, órgano del Consejo Ecuménico de Cuba, La Habana.
Mensaje Iberoamericano, Madrid.
Noticias Aliadas, Lima.
L'Osservatore Romano, Città del Vaticano.
El País, Madrid.
Palabra nueva, La Habana.
Punto Final, Santiago de Chile.
La Quincena, La Habana.
Raíz, Miami.
Revista Bimestre Cubana, La Habana.
Revista Cubana, La Habana.
Revista de la Facultad de Letras y Ciencias de la Universidad de La Habana.
Il Sábato, Milán.
San Antonio, La Habana.
Semanario Católico, La Habana.
SIC, Caracas.
Universidad de la Habana.

Vida Cristiana, La Habana.
Vida Nueva, Madrid.
Vitral, Pinar del Río.

Documentos

Acta manuscrita de «La primera fiesta religiosa en Cuba libre e independiente», 8 de septiembre de 1898 (fotocopia del documento en el archivo del Arzobispado de Santiago de Cuba).
David, P. René, «Para una teología y pastoral de reconciliación desde Cuba», 20 pp., mimeografiado, La Habana, 1981.
Declaración conjunta de los superiores de religiosos españoles residentes en Cuba, La Habana, 7 de enero de 1960.
M/N Covadonga, lista de pasajeros, viaje 5/1961, retorno, servicio N.E. Cádiz-New York-Cuba-México;, Compañía Trasatlántica Española, S.A. En la mar, septiembre de 1961. (Relación de los sacerdotes expulsados de Cuba).
Encuesta nacional sobre el sentimiento religioso del pueblo de Cuba, realizada por el Buró de Información y Propaganda de la Agrupación Católica Universitaria, La Habana, enero de 1954. Mimeografiado.
Houtart, François, «Mission en Amerique Latine (Mexique et Cuba) du 19 mai au 13 juin 1963». Informe confidencial mimeografiado.
_____«La situación religiosa de Cuba entre junio 1962 y julio 1964, Informe confidencial mecanografiado, 8 de julio de 1964.
Manifiesto del clero cubano nativo al M. H. P. de la R. C., Habana y septiembre de 1898, impreso en Key West, Fla., U. S. of A.

Otros libros publicados por EDICIONES UNIVERSAL en la
COLECCIÓN CUBA Y SUS JUECES

- 0359-6 CUBA EN 1830, Jorge J. Beato & Miguel F. Garrido
- 044-5   LA AGRICULTURA CUBANA (1934-1966), Oscar A. Echevarría Salvat
- 045-3   LA AYUDA CUBANA A LA LUCHA POR LA INDEPENDENCIA NORTEAMERICANA, Eduardo J. Tejera
- 046-1   CUBA Y LA CASA DE AUSTRIA, Nicasio Silverio Saínz
- 047-X   CUBA, UNA ISLA QUE CUBRIERON DE SANGRE, Enrique Cazade
- 048-8   CUBA, CONCIENCIA Y REVOLUCIÓN, Luis Aguilar León
- 049-6   TRES VIDAS PARALELAS, Nicasio Silverio Saínz
- 051-8   RAÍCES DEL ALMA CUBANA, Florinda Alzaga
- 118-2   EL ARTE EN CUBA, Martha de Castro
- 119-0   JALONES DE GLORIA MAMBISA, Juan J.E. Casasús
- 123-9   HISTORIA DEL PARTIDO COMUNISTA DE CUBA, Jorge García Montes y Antonio Alonso Avila
- 131-X   EN LA CUBA DE CASTRO (APUNTES DE UN TESTIGO), Nicasio Silverio Saínz
- 1336-2 ANTECEDENTES DESCONOCIDOS DEL 9 DE ABRIL Y LOS PROFETAS DE LA MENTIRA, Ángel Aparicio Laurencio
- 136-0   EL CASO PADILLA: LITERATURA Y REVOLUCIÓN EN CUBA Lourdes Casal
- 139-5   JOAQUÍN ALBARRÁN, ENSAYO BIOGRÁFICO, Raoul García
- 157-3   VIAJANDO POR LA CUBA QUE FUE LIBRE, Josefina Inclán
- 165-4   VIDAS CUBANAS - CUBAN LIVES.- VOL. I., José Ignacio Lasaga
- 205-7   VIGENCIA POLÍTICA Y LITERARIA DE MARTÍN MORÚA DELGADO, Aleyda T. Portuondo
- 205-7   CUBA, TODOS CULPABLES, Raul Acosta Rubio
- 207-3   MEMORIAS DE UN DESMEMORIADO -Leña para el fuego de la historia de Cuba, José R. García Pedrosa
- 211-1   HOMENAJE A FÉLIX VARELA, Sociedad Cubana de Filosofía
- 212-X   EL OJO DEL CICLÓN, Carlos Alberto Montaner
- 220-0   ÍNDICE DE LOS DOCUMENTOS Y MANUSCRITOS DELMONTINOS, Enildo A. García
- 240-5   AMÉRICA EN EL HORIZONTE. UNA PERSPECTIVA CULTURAL, Ernesto Ardura
- 243-X   LOS ESCLAVOS Y LA VIRGEN DEL COBRE, Leví Marrero
- 262-6   NOBLES MEMORIAS, Manuel Sanguily
- 274-X   JACQUES MARITAIN Y LA DEMOCRACIA CRISTIANA, José Ignacio Rasco
- 283-9   CUBA ENTRE DOS EXTREMOS, Alberto Muller
- 298-7   CRITICA AL PODER POLÍTICO, Carlos M. Méndez
- 293-6   HISTORIA DE LA ODONTOLOGÍA EN CUBA. (4 vols. 1492-1983), César A. Mena
- 3122-0 RELIGIÓN Y POLÍTICA EN LA CUBA DEL SIGLO XIX (EL OBISPO ESPADA), Miguel Figueroa y Miranda
- 313-4   EL MANIFIESTO DEMÓCRATA, Carlos M. Méndez
- 314-2   UNA NOTA DE DERECHO PENAL, Eduardo de Acha
- 319-3   MARTÍ EN LOS CAMPOS DE CUBA LIBRE, Rafael Lubián
- 320-7   LA HABANA, Mercedes Santa Cruz (Condesa de Merlín)
- 328-2   OCHO AÑOS DE LUCHA - MEMORIAS, Gerardo Machado y Morales
- 347-9   EL PADRE VARELA. Biografía del forjador de la conciencia cubana, Antonio Hernández-Travieso
- 353-3   LA GUERRA DE MARTÍ (La lucha de los cubanos por la independencia), Pedro Roig
- 361-4   EL MAGNETISMO DE JOSÉ MARTÍ, Fidel Aguirre
- 364-9   MARXISMO Y DERECHO, Eduardo de Acha

367-3	¿HACIA DONDE VAMOS? (Radiografía del presente cubano), Tulio Díaz Rivera	
368-1	LAS PALMAS YA NO SON VERDES (Análisis y testimonios de la tragedia cubana), Juan Efe Noya	
374-6	GRAU: ESTADISTA Y POLÍTICO (Cincuenta años de la Historia de Cuba), Antonio Lancís	
376-2	CINCUENTA AÑOS DE PERIODISMO, Francisco Meluzá Otero	
379-7	HISTORIA DE FAMILIAS CUBANAS I-VI, Francisco Xavier de Santa Cruz y Mallén	
380-0	HISTORIA DE FAMILIAS CUBANAS VI, Francisco Xavier de Santa Cruz y Mallén	
408-4	HISTORIA DE FAMILIAS CUBANAS VIII, Francisco Xavier de Santa Cruz y Mallén	
409-2	HISTORIA DE FAMILIAS CUBANAS IX, Francisco Xavier de Santa Cruz y Mallén	
383-5	CUBA: DESTINY AS CHOICE, Wifredo del Prado	
392-4	CALENDARIO MANUAL Y GUÍA DE FORASTEROS DE LA ISLA DE CUBA	
393-2	LA GRAN MENTIRA, Ricardo Adám y Silva	
403-3	APUNTES PARA LA HISTORIA. RADIO, TELEVISIÓN Y FARÁNDULA DE LA CUBA DE AYER..., Enrique C. Betancourt	
407-6	VIDAS CUBANAS II/CUBAN LIVES II, José Ignacio Lasaga	
411-4	LOS ABUELOS: HISTORIA ORAL CUBANA, José B. Fernández	
413-0	ELEMENTOS DE HISTORIA DE CUBA, Rolando Espinosa	
414-9	SÍMBOLOS - FECHAS - BIOGRAFÍAS, Rolando Espinosa	
418-1	HECHOS Y LIGITIMIDADES CUBANAS. Un planteamiento Tulio Díaz Rivera	
425-4	A LA INGERENCIA EXTRAÑA LA VIRTUD DOMÉSTICA (biografía de Manuel Márquez Sterling), Carlos Márquez Sterling	
426-2	BIOGRAFÍA DE UNA EMOCIÓN POPULAR: EL DR. GRAU, Miguel Hernández-Bauzá	
428-9	THE EVOLUTION OF THE CUBAN MILITARY (1492-1986), Rafael Fermoselle	
431-9	MIS RELACIONES CON MÁXIMO GÓMEZ, Orestes Ferrara	
436-X	ALGUNOS ANÁLISIS (El terrorismo, Derecho Internacional), Eduardo de Acha	
437-8	HISTORIA DE MI VIDA, Agustín Castellanos	
443-2	EN POS DE LA DEMOCRACIA ECONÓMICA, Varios	
450-5	VARIACIONES EN TORNO A DIOS, EL TIEMPO, LA MUERTE Y OTROS TEMAS, Octavio R. Costa	
451-3	LA ULTIMA NOCHE QUE PASE CONTIGO (40 AÑOS DE FARÁNDULA CUBANA/1910-1959), Bobby Collazo	
458-0	CUBA: LITERATURA CLANDESTINA, José Carreño	
459-9	50 TESTIMONIOS URGENTES, José Carreño y otros	
461-0	HISPANIDAD Y CUBANIDAD, José Ignacio Rasco	
466-1	CUBAN LEADERSHIP AFTER CASTRO, Rafael Fermoselle	
483-1	JOSÉ ANTONIO SACO , Anita Arroyo	
490-4	HISTORIOLOGÍA CUBANA I (1492-1998), José Duarte Oropesa	
2580-8	HISTORIOLOGÍA CUBANA II (1998-1944), José Duarte Oropesa	
2582-4	HISTORIOLOGÍA CUBANA III (1944-1959), José Duarte Oropesa	
502-1	MAS ALLÁ DE MIS FUERZAS, William Arbelo	
510-2	GENEALOGÍA, HERÁLDICA E HISTORIA DE NUESTRAS FAMILIAS, Fernando R. de Castro y de Cárdenas	
514-5	EL LEÓN DE SANTA RITA, Florencio García Cisneros	
516-1	EL PERFIL PASTORAL DE FÉLIX VARELA, Felipe J. Estévez	
518-8	CUBA Y SU DESTINO HISTÓRICO. Ernesto Ardura	
520-X	APUNTES DESDE EL DESTIERRO, Teresa Fernández Soneira	
524-2	OPERACIÓN ESTRELLA, Melvin Mañón	
532-3	MANUEL SANGUILY. HISTORIA DE UN CIUDADANO, Octavio R. Costa	
538-2	DESPUÉS DEL SILENCIO, Fray Miguel Angel Loredo	
551-X	¿QUIEN MANDA EN CUBA? Las estructuras del poder. La élite, Manuel Sánchez Pérez	

553-6	EL TRABAJADOR CUBANO EN EL ESTADO DE OBREROS Y CAMPESINOS, Efrén Córdova
558-7	JOSÉ ANTONIO SACO Y LA CUBA DE HOY, Ángel Aparicio
7886-3	MEMORIAS DE CUBA, Oscar de San Emilio
566-8	SIN TIEMPO NI DISTANCIA, Isabel Rodríguez
569-2	ELENA MEDEROS (Una mujer con perfil para la historia), María Luisa Guerrero
577-3	ENRIQUE JOSÉ VARONA Y CUBA, José Sánchez Boudy
586-2	SEIS DÍAS DE NOVIEMBRE, Byron Miguel
588-9	CONVICTO, Francisco Navarrete
589-7	DE EMBAJADORA A PRISIONERA POLÍTICA: ALBERTINA O'FARRILL, Víctor Pino Llerovi
590-0	REFLEXIONES SOBRE CUBA Y SU FUTURO, Luis Aguilar León
592-7	DOS FIGURAS CUBANAS Y UNA SOLA ACTITUD, Rosario Rexach
598-6	II ANTOLOGÍA DE INSTANTÁNEAS, Octavio R. Costa
600-1	DON PEPE MORA Y SU FAMILIA, Octavio R. Costa
603-6	DISCURSOS BREVES, Eduardo de Acha
606-0	LA CRISIS DE LA ALTA CULTURA EN CUBA - INDAGACIÓN DEL CHOTEO, Jorge Mañach (Ed. de Rosario Rexach)
608-7	VIDA Y MILAGROS DE LA FARÁNDULA DE CUBA, Rosendo Rosell
617-6	EL PODER JUDICIAL EN CUBA, Vicente Viñuela
620-6	TODOS SOMOS CULPABLES, Guillermo de Zéndegui
621-4	LUCHA OBRERA DE CUBA, Efrén Naranjo
623-0	HISTORIOLOGÍA CUBANA IV, José Duarte Oropesa
624-9	HISTORIA DE LA MEDICINA EN CUBA I: HOSPITALES Y CENTROS BENÉFICOS EN CUBA COLONIAL, César A. Mena y Armando F. Cobelo
626-5	LA MÁSCARA Y EL MARAÑÓN (La identidad nacional cubana), Lucrecia Artalejo
639-7	EL HOMBRE MEDIO, Eduardo de Acha
644-3	LA ÚNICA RECONCILIACIÓN NACIONAL ES LA RECONCILIACIÓN CON LA LEY, José Sánchez-Boudy
645-1	FÉLIX VARELA: ANÁLISIS DE SUS IDEAS POLÍTICAS, Juan P. Esteve
646-X	HISTORIA DE LA MEDICINA EN CUBA II, César A. Mena y Armando A. Cobelo
647-8	REFLEXIONES SOBRE CUBA Y SU FUTURO, (2ª ed.aumentada), Luis Aguilar León
648-6	DEMOCRACIA INTEGRAL, Instituto de Solidaridad Cristiana
652-4	ANTIRREFLEXIONES, Juan Alborná-Salado
668-0	VIDA Y MILAGROS DE LA FARÁNDULA DE CUBA II, Rosendo Rosell
623-0	HISTORIOLOGÍA CUBANA IV, José Duarte Oropesa
646-X	HISTORIA DE LA MEDICINA EN CUBA II, César A. Mena
679-6	LOS SEIS GRANDES ERRORES DE MARTÍ, Daniel Román
680-X	¿POR QUÉ FRACASÓ LA DEMOCRACIA EN CUBA?, Luis Fernández-Caubí
682-6	IMAGEN Y TRAYECTORIA DEL CUBANO EN LA HISTORIA I (1492-1902), Octavio R. Costa
683-4	IMAGEN Y TRAYECTORIA DEL CUBANO EN LA HISTORIA II (1902-1959), Octavio R. Costa
689-3	A CUBA LE TOCÓ PERDER, Justo Carrillo
690-7	CUBA Y SU CULTURA, Raúl M. Shelton
702-4	NI CAÍDA, NI CAMBIOS, Eduardo de Acha
703-2	MÚSICA CUBANA: DEL AREYTO A LA NUEVA TROVA, Cristóbal Díaz Ayala
706-7	BLAS HERNÁNDEZ Y LA REVOLUCIÓN CUBANA DE 1933, Ángel Aparicio
713-X	DISIDENCIA, Ariel Hidalgo
715-6	MEMORIAS DE UN TAQUÍGRAFO, Angel V. Fernández
716-4	EL ESTADO DE DERECHO, Eduardo de Acha
718-0	CUBA POR DENTRO (EL MININT), Juan Antonio Rodríguez Menier

719-9	DETRÁS DEL GENERALÍSIMO (Biografía de Bernarda Toro de Gómez «Manana»), Ena Curnow
721-0	CUBA CANTA Y BAILA (Discografía cubana), Cristóbal Díaz Ayala
723-7	YO, EL MEJOR DE TODOS (Biografía no autorizada del Che Guevara), Roberto Luque Escalona
727-X	MEMORIAS DEL PRIMER CONGRESO DEL PRESIDIO POLÍTICO CUBANO, Manuel Pozo
730-X	CUBA: JUSTICIA Y TERROR, Luis Fernández-Caubí
738-5	PLAYA GIRÓN: LA HISTORIA VERDADERA, Enrique Ros
739-3	FILOSOFÍA DEL CUBANO Y DE LO CUBANO, José Sánchez-Boudy
740-7	CUBA: VIAJE AL PASADO, Roberto A. Solera
743-1	MARTA ABREU, UNA MUJER COMPRENDIDA, Pánfilo D. Camacho
745-8	CUBA: ENTRE LA INDEPENDENCIA Y LA LIBERTAD, Armando P. Ribas
746-8	A LA OFENSIVA, Eduardo de Acha
747-4	LA HONDA DE DAVID, Mario Llerena
752-0	24 DE FEBRERO DE 1895: La fecha-las raíces-los hombres, Jorge Castellanos
753-9	CUBA ARQUITECTURA Y URBANISMO, Felipe J. Préstamo
754-7	VIDA Y MILÁGROS DE LA FARÁNDULA DE CUBA III, Rosendo Rosell
756-3	LA SANGRE DE SANTA ÁGUEDA (Angiolillo-Betances-Cánovas), Frank Fernández
760-1	ASÍ ERA CUBA (Como hablábamos, sentíamos y actuábamos), Daniel Román
765-2	CLASE TRABAJADORA Y MOVIMIENTO SINDICAL EN CUBA I (1819-1959), Efrén Córdova
766-0	CLASE TRABAJADORA Y MOVIMIENTO SINDICAL EN CUBA II (1959-1996), Efrén Córdova
768-7	LA INOCENCIA DE LOS BALSEROS, Eduardo de Acha
773-3	DE GIRÓN A LA CRISIS DE LOS COHETES: LA SEGUNDA DERROTA, Enrique Ros
779-2	ALPHA 66 Y SU HISTÓRICA TAREA, Miguel L. Talleda
786-5	POR LA LIBERTAD DE CUBA (Resistencia, exilio y regreso), Néstor Carbonell Cortina
792-X	CRONOLOGÍA MARTIANA, Delfín Rodríguez Silva
794-6	CUBA HOY (la lenta muerte del castrismo), Carlos Alberto Montaner
795-4	LA LOCURA DE FIDEL CASTRO, Gustavo Adolfo Marín
796-2	MI INFANCIA EN CUBA: LO VISTO Y LO VIVIDO POR UNA NIÑA CUBANA DE DOCE AÑOS, Cosette Alves Carballosa
798-9	APUNTES SOBRE LA NACIONALIDAD CUBANA, Luis Fernández-Caubí
803-9	AMANECER. HISTORIAS DEL CLANDESTINAJE (La lucha de la resistencia contra Castro dentro de Cuba, Rafael A. Aguirre Rencurrell
804-7	EL CARÁCTER CUBANO (Apuntes para un ensayo de Psicología Social), Calixto Masó y Vázquez
805-5	MODESTO M. MORA, M.D. LA GESTA DE UN MÉDICO, Octavio R. Costa
808-X	RAZÓN Y PASIÓN (Veinticinco años de estudios cubanos), Instituto de Estudios Cubanos
814-4	AÑOS CRÍTICOS: Del camino de la acción al camino del entendimiento, Enrique Ros
820-9	VIDA Y MILAGROS DE LA FARÁNDULA CUBANA. Tomo IV, Rosendo Rosell
823-3	JOSÉ VARELA ZEQUEIRA (1854-1939); Su obra científico-literaria, Beatriz Varela
828-4	BALSEROS: Historia oral del éxico cubano del '94 / Oral History of the Cuban Exodus of '94, Felicia Guerra y Tamara Álvarez-Detrell
831-4	CONVERSANDO CON UN MÁRTIR CUBANO: CARLOS GONZÁLEZ VIDAL, Mario Pombo Matamoros
832-2	TODO TIENE SU TIEMPO, Luis Aguilar León
838-1	8-A: LA REALIDAD INVISIBLE, Orlando Jiménez-Leal
840-3	HISTORIA ÍNTIMA DE LA REVOLUCIÓN CUBANA, Ángel Pérez Vidal
841-1	VIDA Y MILAGROS DE LA FARÁNDULA CUBANA / Tomo V, Rosendo Rosell

848-9	PÁGINAS CUBANAS tomo I, Hortensia Ruiz del Vizo
851-2	APUNTES DOCUMENTADOS DE LA LUCHA POR LA LIBERTAD DE CUBA, Alberto Gutiérrez de la Solana
860-8	VIAJEROS EN CUBA (1800-1850), Otto Olivera
861-6	GOBIERNO DEL PUEBLO: Opción para un nuevo siglo, Gerardo E. Martínez-Solanas
862-4	UNA FAMILIA HABANERA, Eloísa Lezama Lima
866-7	NATUMALEZA CUBANA, Carlos Wotzkow
868-3	CUBANOS COMBATIENTES: peleando en distintos frentes, Enrique Ros
869-1	QUE LA PATRIA SE SIENTA ORGULLOSA (Memorias de una lucha sin fin), Waldo de Castroverde
870-5	EL CASO CEA: intelectuales e inquisodres en Cuba ¿Perestroika en la Isla?, Maurizio Giuliano
874-8	POR AMOR AL ARTE (Memorias de un teatrista cubano 1940-1970), Francisco Morín
875-6	HISTORIA DE CUBA, Calixto C. Masó Nueva edición al cuidado de Leonel de la Cuesta, ampliada con índices y cronología hasta 1992.
876-4	CUBANOS DE DOS SIGLOS: XIX y XX. Ensayistas y críticos, Elio Alba Buffill
880-2	ANTONIO MACEO GRAJALES: EL TITÁN DE BRONCE, José Mármol
882-9	EN TORNO A LA CUBANÍA (estudios sobre la idiosincrasia cubana), Ana María Alvarado
886-1	ISLA SIN FIN (Contribución a la crítica del nacionalismo cubano), Rafael Rojas
891-8	MIS CUATRO PUNTOS CARDINALES, Luis Manuel Martínez
895-0	MIS TRES ADIOSES A CUBA (DIARIO DE DOS VIAJES), Ani Mestre
901-9	40 AÑOS DE REVOLUCIÓN CUBANA (El legado de Castro), Efrén Córdova Ed.
907-8	MANUAL DEL PERFECTO SINVERGÜENZA, Tom Mix (José M. Muzaurieta)
908-6	LA AVENTURA AFRICANA DE FIDEL CASTRO, Enrique Ros
910-8	MIS RELACIONES CON EL GENERAL BATISTA, Roberto Fernández Miranda
912-4	ESTRECHO DE TRAICIÓN, Ana Margarita Martínez y Diana Montané
915-9	GUERRAS ALCALDICIAS (La lucha por la alcaldía de Miami / 1980 a 2000), Antonio R. Zamora
922-1	27 DE NOVIEMBRE DE 1871. FUSILAMIENTO DE OCHO ESTUDIANTES DE MEDICINA, William A. Fountain
926-4	GUANTÁNAMO Y GITMO (Base naval de los Estados Unidos en Guantánamo), López Jardo
929-9	EL GARROTE EN CUBA, Manuel B. López Valdés (Edición de Humberto López Cruz)
931-0	EL CAIMÁN ANTE EL ESPEJO. Un ensayo de interpretación de lo cubano, Uva de Aragón (segunda edición revisada y ampliada)
934-5	MI VIDA EN EL TEATRO, María Julia Casanova
936-1	DIOS EN LAS CÁRCELES DE CUBA (novela testimonio), María Elena Cruz Varela
937-x	EL TRABAJO FORZOSO EN CUBA, Efrén Córdova
939-6	CASTRO Y LAS GUERRILLAS EN LATINOAMÉRICA, Enrique Ros
942-6	TESTIMONIOS DE UN REBELDE (Episodios de la Revolución Cubana 1944-1963), Orlando Rodríguez Pérez
944-2	DE LA PATRIA DE UNO A LA PATRIA DE TODOS, Ernesto F. Betancourt
945-0	CRONOLOGÍA HISTÓRICA DE CUBA (1492-2000), Manuel Fernández Santalices.
946-9	BAJO MI TERCA LUCHA CON EL TIEMPO. MEMORIAS 1915-2000, Octavio R. Costa
949-3	MEMORIA DE CUBA, Julio Rodríguez-Luis
951-8	LUCHAS Y COMBATES POR CUBA (MEMORIAS), José Enrique Dausá
952-3	ELAPSO TEMPORE, Hugo Consuegra
953-1	JOSÉ AGUSTÍN QUINTERO: UN ENIGMA HISTÓRICO EN EL EXILIO CUBANO DEL OCHOCIENTOS, Jorge Marbán
955-8	NECESIDAD DE LIBERTAD (ensayos-artículos-entrevistas-cartas), Reinaldo Arenas
956-6	FÉLIX VARELA PARA TODOS / FELIX VARELA FOR ALL, Rabael B. Abislaimán
957-4	LOS GRANDES DEBATES DE LA CONSTITUYENTE CUBANA DE 1940, Edición y selección de Néstor Carbonell Cortina